U0763824

线装国学经典

孟子·荀子

第二册

〔战国〕孟子 荀子 著
李楠 编译

离娄下

第一章

【原文】

孟子曰：『舜生于诸冯，迁于负夏，卒于鸣条①，东夷之人也。文王生于岐周②，卒于毕郢③，西夷之人也。地之相去也，千有余里；世之相后也，千有余岁。得志行乎中国，若合符节④，先圣后圣，其揆一也。』

【注释】

①诸冯、负夏、鸣条：古代东方三个地名，确切地点不详。

②岐周：岐，岐山，在今陕西岐山县东北。

③毕郢：可能是『毕程』之误，地名。

④符节：古代表示印信的两种物件，用玉、角、铜、竹等制成，形状与用途各异。

【译文】

孟子说：『舜出生在诸冯，迁居到负夏，最后死在鸣条，是东方人。周文王出生在岐周，最后死在毕郢，是西方人。两个地方相距一千多里；时代前后相隔一千多年。他们在中国实现自己的志向，就像符节一样相吻合，前代的圣君和后代的圣君，他们的道路都是相同的。』

第二章

【原文】

子产①听郑国之政，以其乘舆②济人于溱洧③。孟子曰：『惠而不知为政。岁十一月，徒杠④成；十二月，舆梁⑤成，民未病涉也。君子平其政，行辟⑥人可也。焉得人人而济之？故为政者，每人而悦之，日亦不足矣。』

【注释】

①子产：即公孙侨。春秋时期郑国的贤相。

②乘舆：所乘的车子。

③溱洧（zhēn wěi）：发源于河南的两条河水名字。

④徒杠（gāng）：可走人的小桥。

⑤舆梁：可以通过大车的桥梁。

⑥行辟：辟，开道，让行人回避，意思是，外出时，鸣锣开道。

【译文】

子产主持郑国的大政，用他所乘的车子帮助别人渡过溱水和洧水。孟子说：『这只是小恩小惠，他并不懂得政治。如果在十一月修成能走人的桥；在十二月修成能走车的桥，百姓就不会再为渡河的事发愁了。君子只要把政治搞好，他外出时，鸣锣开道都可以，哪里用得着一个一个地帮助别人渡河呢？如果搞政治的人，要一个一个地去讨人欢心，时间就太不够用了。』

第三章

【原文】

孟子告齐宣王曰：『君之视臣如手足，则臣视君如腹心；君之视臣如犬马，则臣视君如国人；君之视臣如土芥，则臣视君如寇仇。』

王曰：『礼，为旧君有服①。何如斯可为服矣？』

曰：『谏行言听，膏泽下于民；有故而去，则君使人导之出疆，又先于其所往；去三年不反，然后收其田里。此之谓三有礼焉。如此，则为之服矣。今也为臣，谏则不行，言则不听；膏泽不下于民；有故而去，则君搏执之，又极②之于其所往；去之日，遂收其田里。此之谓寇仇。寇仇，何服之有？』

【注释】

①为旧君有服：指离职的臣下为原先的君王服孝。

②极：穷，困。这里是动词，意思是使其处境困难。

【译文】

孟子对齐宣王说：『君王如果把臣下当作手足看待，那么臣下就会把君王当作腹心看待；君王如果把臣下当作狗、马看待，那么臣下就会把君王当作普通人看待；君王如果把臣下当作泥土和草芥看待，那么臣下就会把君王当作仇敌看待。』

齐宣王说：『按照礼制，离了职的臣下还须对过去的君王服孝。应该怎样做才能让臣下为他服孝呢？』

答道：『〔君王对臣下的〕劝谏能够实行，建议能够听从，恩惠能够施之于百姓；臣子因为有事需要离开，君王能派人引导他离开国境，并且先派人到他们所要去的地方做好安排；离开三年不回来，才收回他们的田地房产。这叫作三有礼。这样做，臣下就会为他服孝。如今作为臣下，劝谏不被接受，建议不被听从；恩惠照顾不到百姓；因为有事要离开，君王还把他们捆绑起来，并且在他去的那个地方使他处于穷困；刚离开的那一天，就收回他的土地房产。这叫作仇敌。既视为仇敌，臣下为什么还要服孝呢？』

第四章

【原文】

孟子曰：『无罪而杀士，则大夫可以去；无罪而戮民，则士可以徙。』

【译文】

孟子说：『没有罪而随便杀士人，那么，大夫便可以远离而去；没有罪而随意屠戮百姓，那么，士人便可以搬到别处。』

第五章

【原文】

孟子曰：『君仁，莫不仁；君义，莫不义。』

【译文】

孟子说：『君主行仁，就没有人不仁；君主行义，就没有人不义。』

第六章

【原文】

孟子曰：『非礼之礼，非义之义，大人弗为。』

【译文】

孟子说：『实质上不是礼的「礼」，实质上不是义的「义」，有品德的人决不愿干。』

第七章

【原文】

孟子曰：『中也养不中，才也养不才①，故人乐有贤父兄也，如中也弃不中，才也弃不才，则贤不肖之相去，其间不能以寸②。』

【注释】

①中也养不中，才也养不才：养，谓涵育熏陶，大意是说，前者不去教化后者，就等于放任不管，听其自流。

②不能以寸：不能用分寸去量。

【译文】

孟子说：『品德修养好的人去教化品德修养不好的人，有才有能的人去教化无才无能的人。因此人们都很乐意能有贤能的父兄。如果品德修养好的人厌弃品德修养不好的人，有才有能的厌弃无才无能的人，那么，贤良者与很不像样者之间的差距，接近得没法用寸去核计。』

第八章

【原文】

孟子曰：『人有不为也，而后可以有为。』

【译文】

孟子说：『一个人要有所不为，然后才能达到有所为。』

第九章

【原文】

孟子曰：『言人之不善，当如后患何？』

【译文】

孟子说：『散播他人的缺点，招来后患如何是好？』

第十章

【原文】

孟子曰：『仲尼不为已甚者。』

【译文】

孟子说：『孔夫子（仲尼）不做（办事）太过火的人。』

第十一章

【原文】

孟子曰：『大人者，言不必信，行不必果，惟义所在。』

【译文】

孟子说：『作为有道德修养的君子，言谈不拘泥于守信，行为不拘泥于果敢，只是依据义理的所在指导言行举止。』

第十二章

【原文】

孟子曰：『大人者，不失其赤子之心者也。』

【译文】

孟子说：『所说的高尚君子，就是没有失去他那婴儿一般纯朴之心的人。』

第十三章

【原文】

孟子曰：『养生者不足以当大事，惟送死可以当大事。』

【译文】

孟子说：『奉养健在父母是人间常事，只有给父母送终安葬办好丧事才可以算作是大事。』

第十四章

【原文】

孟子曰：『君子深造之以道，欲其自得之也。自得之，则居之安；居之安，则资之深；资之深，则取之左右逢其原，故君子欲其自得之也。』

【译文】

孟子说：『君子用高尚道德对学问来加深造诣，目的是希望自己自觉地获得学问。自己自觉地获得学问才能处之安然，处之安然才能深入地坚守它，深入地坚守它才能得心应手、左右逢源，所以君子希望自己自觉地获得学问。』

第十五章

【原文】

孟子曰：『博学而详说之，将以反说约也。』

【译文】

孟子说：『广博地学习而且详尽地解说，目的是要融会贯通以此回归到论说精辟简约的境界。』

第十六章

【原文】

孟子曰：『以善服人者，未有能服人者也；以善养人，然后能服天下。天下不心服而王者，未之有也。』

【译文】

孟子说：『用自己的长处去折服他人，未曾能使他人折服；用自己的长处去仁爱、教育他人，然后才能使天下的人心服。天下的人不心服而能够称王天下的，还未曾有过。』

第十七章

【原文】

孟子曰：『言无实不祥。不祥之实，蔽贤者当之。』

【译文】

孟子说：『言谈不符合实际情况是很不好的。这种不好的恶果，只有那些埋没贤才的人要承担它。』

第十八章

【原文】

徐子曰：『仲尼亟称于水，曰：「水哉，水哉！」何取于水也？』

孟子曰：『源泉混混①，不舍昼夜，盈科②而后进，放乎四海。有本者如是，是之取尔③。苟为无本，七八月之间雨集，沟浍皆盈；其涸也，可立而待也。故声闻④过情，君子耻之。』

【注释】

①混混：混，古音读如『滚』，混混即滚滚，水流很大的样子。

②盈科：盈，充满、灌满。科，坑、坎。

③是之取耳：『取是尔』的倒装句。耳，而已。

④声闻：声誉、名誉。

【译文】

徐子问：『孔子多次称赞水，说：「水啊，水啊！」他认为水有什么可取之处呢？』

孟子回答道：『有源的泉水滚滚往下流，不分白天和黑夜，把低洼的地方灌满，又继续向前，一直流到大海。有源的都是这样，孔子就取它这一点罢了。如果没有源头，到七八月间雨水多，把大小沟渠都灌满了；但它们干枯也是很快的。所以声望和名誉超过实际的，君子认为是耻辱的事。』

第十九章

【原文】

孟子曰：『人之所以异于禽兽者几希，庶民去之，君子存之。舜明于庶物，察于人伦，由仁义行，非行仁义也。』

【译文】

孟子说：『人和禽兽不同的地方只有那么一点点，普通老百姓抛弃了它，君子保存了它。舜明白事物的道理，了解人类的常情，是从仁义出发行事的，不是把仁义作为手段来施行的。』

第二十章

【原文】

孟子曰：『禹恶旨酒而好善言。汤执中，立贤无方①。文王视民如伤，望道而②未之见。武王不泄迩，不忘远③。周公思兼三王，以施四事；其有不合者，仰而思之，夜以继日；幸而得之，坐以待旦。』

【注释】

①无方：没有常规，可以破格。

②而：如。

③不泄迩，不忘远：泄，猥狎。迩，近。意思是武王不轻视侮辱在朝的近臣，也不忘记散在四方的远臣。

【译文】

孟子说：『禹不喜欢美酒而喜欢有益的话。汤坚持中正之道，推举贤人不拘泥于一定的常规。周文王看待百姓好像他们受了伤害不忍心侵扰，寻求正道又好像没有见到，毫不自满。周武王不轻侮身旁的臣子，不遗忘四方的诸侯。周公想要兼学夏、商、周三代的君主，以实行禹、汤、周文王和周武王四人的事业；如果有不符合的地方，抬着头思考，白天想不好，夜里接着想；幸而想通了，就坐着等待天亮立即实行。』

第二十一章

【原文】

孟子曰：『王者之迹熄[①]而《诗》亡，《诗》亡然后《春秋》作。晋之《乘》，楚之《杌》，鲁之《春秋》[②]，一也；其事则齐桓、晋文，其文则史。孔子曰：「春义则丘窃取之矣。」』

【注释】

①迹熄：迹字有误，按《说文通训定声》考，是指采诗民间的事情停止（熄）了。

②《乘》《杌》《春秋》：《春秋》原是各国史书的通称，但各国史书又有别名：晋史名《乘》，楚史名《杌》，鲁史名《春秋》。孔子编修的鲁史，即流传至今的《春秋》。

【译文】

孟子说：『圣王采诗的盛事废除了，《诗》也就消亡了，《诗》消亡了然后才创作了《春秋》。晋国的《乘》，楚国的《杌》，鲁国的《春秋》，都是一样的。它们所记载的不过是齐桓公、晋文公等人的事情，它们的文风则是史书的笔法。孔子说：「它们寓善恶褒贬的大义我已经采用了。」

第二十二章

【原文】

孟子曰：『君子之泽五世而斩，小人之泽①五世而斩。予未得为孔子徒也，予私淑②诸人也。』

【注释】

①泽：意思是前辈留给后人的传统、影响，朱熹解释为『流风余韵』。

②淑：借作『叔』，取、自学。

【译文】

孟子说：『君子的流风余韵五代以后就中断了，小人的流风余韵五代以后也中断了。我没有能够成为孔子的学生，我是私下向众人学习的。』

第二十三章

【原文】

孟子曰：『可以取，可以无取，取伤廉；可以与，可以无与，与伤惠；可以死，可以无死，死伤勇。』

【译文】

孟子说：『可以拿，也可以不拿，拿了会损害廉洁；可以给，也可以不给，给了会损害恩惠；可以死，也可以不死，死了会损害勇敢。』

第二十四章

【原文】

逢蒙[1]学射于羿[2]，尽羿之道，思天下惟羿为愈己，于是杀羿。孟子曰：『是亦羿有罪焉。』

公明仪曰：『宜若无罪焉。』

曰：『薄乎云尔[3]，恶得无罪？郑人使子濯孺子[4]侵卫，卫使公之斯[5]追之。子濯孺子曰：「今日我疾作，不可以执弓。吾死矣夫！」问其仆曰：「追我者谁也？」其仆曰：「公之斯也。」曰：「吾生矣！」其仆曰：「公之斯，卫之善射者也。夫子曰吾生，何谓也。」曰：「公之斯学射于尹公之他[6]，尹公之他学射于我。夫尹公之他，端人也，其取友必端矣。」公之斯至，曰：「夫子何为不执弓？」曰：「今日我疾作，不可以执弓。」曰：「小人学射于尹公之他，尹公之他学射于夫子。我不忍以夫子之道反害夫子。虽然，今日之事，君事也，我不敢废。」抽矢扣轮[7]，去其金[8]，发乘矢[9]，而后反。』

【注释】

①逢蒙：羿的家臣，曾向羿学习箭法。

②羿：古代善射者的通称，此处指夏时有穷氏的后羿。

③薄乎云尔：罪小罢了。

④子濯孺子：人名。

⑤公之斯：人名。

⑥尹公之他：人名。

⑦抽矢扣轮：取出箭扣击车轮。

⑧去其金：去掉箭头。

⑨发乘矢：发射四支箭。

【译文】

逄蒙向羿学习箭法，把羿的射箭术都学到了手，想想天下只有羿本人的箭术超过自己，就杀害了羿。谈到这件事，孟子说：『羿本人也要承担责任啊。』

公明仪不同意，说道：『好像羿没什么过错啊。』

孟子说：『只是过错小些，怎能说没过错呢？过去郑国曾派子濯孺子进犯卫国，卫国派公之斯去追击敌人。子濯孺子说：「今天我病了，不能开弓放箭。我要死了啊！」问驾车人：「是谁追我们呢？」车夫说：「是公之斯。」孺子说：「我又能活了！」车夫问：「公之斯是卫国著名的会射箭的人。大夫您却说能活了，是为什么呢？」子濯孺子说：「公之斯是向尹公之他学习的箭法，尹公之他又是向我学习的箭法。尹公之他这个人是一个正人君子，他选择的朋友一定也是正人君子。」公之斯赶来问道：「先生为什么不拿起弓。」公之斯说：「我是向尹公之他学习的箭法，而他又是向您学习的。我不忍心用从您那里学来的箭法伤害您自己。但是今天的战斗又是君主的大事，我不敢不做。』便取出箭敲击车轮，去掉箭头，射出四支箭，然后才回去。』

第二十五章

【原文】

孟子曰：西子[1]蒙不洁，则人皆掩鼻而过之。虽有恶人[2]，齐戒[3]沐浴，则可以祀上帝。』

【注释】

①西子：西施。春秋末著名的美女。

②恶人：相貌丑陋的人。

③齐戒：齐，即『斋』。斋戒，是指祭祀前的一系列禁忌，以表示对天的虔诚。

【译文】

孟子说：『西施这样的美人要是头上蒙着肮脏的东西，人们都会捂着鼻子快步地走过去。即使是相貌丑陋的人，如果他斋戒又洗净了全身，也就可以祭祀上天。』

第二十六章

【原文】

孟子曰：『天下之言性也，则故而已矣。故者以利为本[1]。所恶于智者，为其凿也。如智者若禹之行水也，则无恶于智矣。禹之行水也，行其所无事也。如智者亦行其所无事，则智亦大矣。天之高也，星辰之远也，苟求其故，千岁之日至可坐而致也②。』

【注释】

①利：顺应自然。

②日至：夏至与冬至，此处引申为来龙去脉。

【译文】

孟子说：『天下人讨论人性，看着已经发生的事情就行了。过去的事情以顺应自然为根本。小聪明之所以令人讨厌，就在于小聪明好违背事物的本性，穿凿附会。如果聪明人能像大禹治水那样顺其自然，聪明也就不讨厌了。大禹治水，是顺应水的本性而不是硬去多事。如果今天的聪明人也能顺应事物本性，也可说是大智慧了。天很高，星星很遥远，如果根据它们过去的运行情况，千年之后的冬至也是可慢慢算出来的。』

第二十七章

【原文】

公行子有子之丧，右师往吊①。入门，有进而与右师言者，有就右师之位而与右师言者。孟子不与右师言，右师不悦曰：『诸君子皆与言，孟子独不与言，是简也。』

孟子闻之，曰：『礼，朝廷不历位而相与言，不阶而相揖也。我欲行礼，子敖以我为简，不亦异乎？』

【注释】

①公行子：齐国的大夫。右师，官名，此处指的是齐王宠臣王。

【译文】

公行子办儿子的丧事，右师前往吊唁。进门后，有人上前跟右师交谈，有人凑到右师的席位和他交谈。孟子没有和右师交谈，右师不高兴地说：『诸位大夫都和我王交谈，只有孟子不和我说话，这是对我的轻慢。』

孟子听说这话后，说：『礼仪规定，在朝廷不越过位次相互交谈，不跨越石阶相互作揖。我想按礼制行事，子敖却认为我对他轻慢，不也是怪事吗？』

第二十八章

【原文】

孟子曰：『君子所以异于人者，以其存心也。君子以仁存心，以礼存心。仁者爱人，有礼者敬人。爱人者，人恒爱之；敬人者，人恒敬之。有人于此，其待我以横逆①，则君子必自反也：我必不仁也，必无礼也，此物奚宜至哉？其自反而仁矣，自反而有礼矣，其横逆由是也。君子必自反也：我必不忠，自反而忠矣。其横逆由是也，君子曰：「此亦妄人也已矣。如此，则与禽兽奚择②哉？于禽兽又何难③焉？」是故君子有终身之忧，无一朝之患也。乃若所忧则有之：舜，人也；我，亦人也。舜为法于天下，可传于后世，我由未免为乡人也，是则可忧也。忧之如何？如舜而已矣。若夫君子所患则亡矣。非仁无为也，非礼无行也。如有一朝之患，则君子不患矣。

【注释】

①横逆：蛮横粗暴。

②择：选择，区别。

③难：责难、计较。

【译文】

孟子说：『君子和常人的区别，就在于他的存心。君子把仁爱存于心，把礼让存于心。仁人爱护他人，有礼的人尊敬他人。爱他人的人常常被人爱护，敬他人的人常常受人尊敬。假如这儿有个人，他蛮横粗暴地对待我，那么君子必定会反躬自省：我一定是不仁，一定是无礼，否则怎么会发生这样的事呢？他自省做到了仁，自省做到了有礼。而那人的横蛮粗暴依然如故，君子再反躬自省：我一定是不忠。自省做到了忠。而那人的横蛮粗暴不变，君子就认为：「这不过是个狂人而已。像这样，与禽兽有何区别？对禽兽又有什么可计较、责难的呢？」因此君子有终身的忧虑，而没有一时的担心。至于他所忧虑的事情比如有：舜是人，我也是人。舜为天下做了榜样，可以传到后世，我则还不免是个乡里的普通人，这才是值得忧虑的。忧虑这些又怎么办呢？向舜学习就行了。至于君子担心的事就没有了。不仁的事不干，无礼的事不做，即使有一时的祸患，君子也不用担心。』

第二十九章

【原文】

禹、稷当平世，三过其门而不入①，孔子贤之。颜子当乱世，居于陋巷，一箪食，一瓢饮；人不堪其忧，颜子不改其乐，孔子贤之。孟子曰：『禹、稷、颜回同道。禹思天下有溺者，由己溺之也；稷思天下有饥者，由己饥之也，是以如是其急也。禹、稷、颜子易地则皆然。今有同室之人斗者，救之，虽被发缨冠而救之②，可也；乡邻有斗者，被发缨冠而往救之，则惑也；虽闭户可也。』

【注释】

①稷三过其门而不入之事，史书没有记载。

②被发缨冠：被，披。缨：系上冠带。

【译文】

禹、稷处在太平之世，三次经过自家门口却不进去，孔子赞许他们。颜回身处动乱时代，住在狭小的巷子里，一筐饭，一瓢水的生活；别人受不了这样的清苦，颜回却不因此改变内心的快乐，孔子赞许他。孟子说：『禹、稷、颜回有共同的美德。禹想到天下有遭水灾的，如同是自己使他们遭水灾一样；稷想到天下有挨饿的，如同是自己使他们挨饿一样，因此才会如此急人所急。禹、稷、颜子互相换个位置也都会做同样的事情。现在如有同屋的人相互争斗，应当去解救他们，即使披散着头发戴上帽子去也没关系；而乡邻间有人争斗，披散头发戴上帽子急忙去援救，就太糊涂了；这时即使是闭门不理也是可以的。』

第三十章

【原文】

公都子曰：『匡章，通国皆称不孝焉，夫子与之游，又从而礼貌之，敢问何也？』孟子曰：『世俗所谓不孝者五：惰其四支，不顾父母之养，一不孝也；博奕好饮酒，不顾父母之养，二不孝也；好货财，私妻子，不顾父母之养，三不孝也；从耳目之欲①，以为父母戮②，四不孝也；好勇斗很③，以危父母，五不孝也。章子有一于是乎？夫章子，子父责善而不相遇也④。责善，朋友之道也；父子责善，贼恩之大者。夫章子，岂不欲有夫妻子母之属哉？为得罪于父，不得近，出妻屏子⑤，终身不养焉。其设心以为不若是，是则罪之大者，是则章子而已矣。』

【注释】

①从：同『纵』。

②戮：羞辱。

③很：今作『狠』，『很』是本字。

④章子子父责善而不相遇：章子之母得罪其父，其父杀之，而埋马栈之下。大约章子曾谴责其父而其父不听，遂使父子失和。

⑤屏：音bīng，使退去。

【译文】

公都子说：『匡章，全国都说他不孝，您却同他来往，还相当敬重他，请问这是为什么？』孟子说：『一般人所说的不孝的事有五件：四肢不勤，不赡养父母，一不孝；好下棋喝酒，不赡养父母，二不孝；好钱财，偏爱妻室儿女，不赡养父母，三不孝；放纵耳目的欲望，使父母蒙受羞辱，四不孝；逞勇敢好打架，危及父母，五不孝。章子在这五项之中占了一项吗？章子不过是父子中间以善相责而把关系弄僵了罢了。以善相责，这是朋友相处之道；父子之间以善相责，是最伤感情的事。那章子，难道不想有夫妻母子的团聚吗？就因为得罪了父亲，不能和他亲近，因此把自己的妻室也赶出去，把儿子也赶走了，终身不要他们赡养。他觉得不这样做，那罪过可更大了，这就是章子的为人哩。」

第三十一章

【原文】

曾子居武城①，有越寇②。或曰：「寇至，盍去诸？」曰：「无寓人于我室，毁伤其薪木。」寇退，则曰：「修我墙屋，我将反。」寇退，曾子反。左右曰：「待先生如此其忠且敬也，寇至，则先去以为民望；寇退，则反，殆于不可③。」沈犹行曰④：「是非汝所知也。昔沈犹有负刍之祸，从先生者七十人，未有与焉。」

子思居于卫⑤，有齐寇。或曰：「寇至，盍去诸？」子思曰：「如去，君谁与守？」孟子曰：「曾子、子思同道。曾子，师也，父兄也；子思，臣也，微也。曾子、子思易地则皆然。」

【注释】

①武城：地名，在今山东费县西南九十里。

②有越寇：越灭吴后，与鲁交界。

③殆：近。

④沈犹行：曾子弟子也。

⑤子思：孔子的孙子。

【译文】

曾子住在武城时，越国军队来侵犯。有人便说：『敌寇要来了，何不离开一下呢？』曾子说：『〔好吧，但是〕不要使别人借住在我这里，破坏那些树木。』敌寇退了，曾子便说：『把我的墙屋修理修理吧，我要回来了。』敌寇退了，曾子也回来了。他旁边的人说：『武城军民对您是这样地忠诚恭敬，敌人来了，便早早地走开，给百姓做了个坏榜样；敌寇退了，马上回来，这恐怕不可以吧？』沈犹行说：『这个不是你们所晓得的。从前先生住在我那里，有个名叫负刍的捣乱，跟随先生的七十个人也都早早地走开了。』子思住在卫国，齐国军队来侵犯。有人说：『敌人来了，何不走开呢？』子思说：『如果连我也走开了，君主同谁来守城呢？』

孟子说：『曾子、子思其实殊途同归。曾子是老师，是前辈；子思是臣子，是小官。曾子、子思如果对换地位，他们也会像对方那样做的。』

第三十二章

【原文】

储子曰①：『王使人瞯夫子②，果有以异于人乎？』孟子曰：『何以异于人哉？尧舜与人同耳。』

【注释】

①储子：齐人。参见《告子下》第五章。

②瞯：音jiàn，窥。

【译文】

储子说：『王派人来窥探您，看果真有什么跟一般人不同的地方吗？』孟子说：『有什么跟别人不同的地方呢？尧舜也同一般人一样呢。』

第三十三章

【原文】

齐人有一妻一妾而处室者，其良人①出，则必餍酒肉而后反。其妻问所与饮食者，则尽富贵也。其妻告其妾曰：『良人出，则必餍酒肉而后反。问其与饮食者，尽富贵也，而未尝有显者来。吾将瞯良人之所之也。』蚤起，施②从良人之所以，国中无与立谈者。卒之东郭墦③间，之祭者，乞其余；不足，又顾而之他。——此其为餍兄之道也。

其妻归，告其妾曰：『良人者，所仰望而终身也，今若此。』与其妾讪④其良人，而相泣于中庭⑤。而良人未之知也，施施⑥从外来，骄其妻妾。

由君子观之，则人之所以求富贵利达者，其妻妾不羞也，而不相泣者，几希矣。

【注释】

①良人：即丈夫。

②施：音yí，又读yǐ，古『斜』字。

③墦：坟地。

④讪：讥笑。

⑤中庭：犹言『庭中』。

⑥施施：喜悦的样子。

【译文】

齐国有一个人，家里有一妻一妾。丈夫每次外出，一定是酒足饭饱才回家。他妻子问他一起吃喝的是些什么人，他说都是些有钱有势的人。他妻子便告诉他的妾说：『丈夫外出，一定酒足饭饱后才回来。问他同什么人一起吃喝，他说都是有钱有势的人，但是从没见过什么显贵的人物到我们家里来。我打算偷偷看他究竟到什么地方去吃喝。』

第二天清早起来，她悄悄地尾随在丈夫后边，走遍全城，也没有见一个人停下来同他丈夫说话。最后一直走到东郊的坟地，她丈夫便走到祭扫坟墓的人那里，乞讨一点残酒剩菜；还不够，又东张西望，到别处去乞讨。——这就是他酒足饭饱的办法。

他妻子回到家里，把这些情况告诉他的妾，并说：『丈夫，是我们仰望并终身依靠的人，他现在竟是这样。』于是她两人便在庭中咒骂着、哭泣着，而丈夫还不知道，兴高采烈地从外面回来了，在他的两个女人面前要威风。

在君子看来，有些人乞求升官发财的方法，能不使他的妻妾引以为耻而相对哭泣的，实在太少了！

万章上

第一章

【原文】

万章问曰：『舜往于田，号泣于旻天[1]，何为其号泣也？』

孟子曰：『怨慕也[2]。』

万章曰：『「父母爱之，喜而不忘；父母恶之，劳而不怨。」然则舜怨乎？』

曰：『长息问于公明高曰[3]：「舜往于田，则吾既得闻命矣；号泣于天，于父母，则吾不知也。」公明高曰：「是非尔所知也。」夫公明高以孝子之心，为不若是恝[4]：我竭力耕田，共为子职而已矣[5]，父母之不我爱，于我何哉？帝使其子九男二女，百官牛羊仓廪备，以事舜于畎亩之中，天下之士多就之者，帝将胥天下而迁之焉[6]。为不顺于父母，如穷人无所归。天下之士悦之，人之所欲也，而不足以解忧；好色，人之所欲，妻帝之二女，而不足以解忧；富，人之所欲，富有天下，而不足以解忧；贵，人之所欲，贵为天下，而不足以解忧。人悦之、好色、富贵，无足以解忧者，惟顺于父母可以解忧。人少，则慕父母；知好色，则慕少艾[7]；有妻子，则慕妻子；仕则慕君，不得于君则热中[8]。大孝终身慕父母。五十而慕者[9]，予于大舜见之矣。』

【注释】

①舜往于田：指舜在历山耕种的事。历山在什么地方，说法不一，难以确指。旻（mín）天：秋天；含有仁爱怜悯的意思。

②怨慕：这里的『慕』字即下文『大孝终身慕父母』的『慕』字，儿女对父母的依恋，古人常单用一个『慕』字来表示。

③长息、公明高：长息，公明高的弟子；公明高，又是曾子的弟子。

④为不若是恝：恝（jié），没有忧愁的样子。

⑤共（gōng）：与恭通，敬。

⑥胥：都，尽。

⑦少艾：美好。

⑧热中：躁急而心热，与现在说的热衷于某事略有不同。

⑨五十而慕：舜三十岁被召用，在位二十年，所以说五十。一般人对父母亲慕恋的感情，常是随着年龄的增大而逐渐衰退，而舜年五十慕恋父母亲的热忱不改，所以孟子称他为大孝。

【译文】

万章问道：『舜到地里去耕种，望着秋高气爽的天空哭诉着，他为什么要哭诉呢？』

孟子答道：『这是由于舜对父母有着怨望和怀恋交织的感情的缘故。』

万章说：『（从前曾子说过：）「父母要是喜欢自己，自己心里虽然高兴，却不敢对做儿子的职责有所遗忘懈怠；父母要是厌恶自己，自己心里尽管不免忧愁，却不敢埋怨父母。」那么，舜是不是抱怨父母呢？』

孟子说：『长息曾问过公明高：「舜去地里耕种，这个我已能理解；但他一面喊着天一面喊着父母，又哭又诉，我就不懂这是为什么。」公明高说：「这个不是你能理解得了的。」在公明高看来，一个孝子的心对于父母对自己的爱恶决不能这样无动于衷，我尽力耕田，恭恭敬敬地尽着做儿子的本职罢了，至于父母不爱我，对我有什么关系呢？帝尧叫他的九个男孩两个女孩，还有百官带着牛羊，囤积粮食，应有尽有，到田野里去侍候舜，天下的士人也多有投奔到他门下的，尧帝将把整个天下让给舜。因为不能使父母顺心，自己就像穷困的人没有归宿一样。天下的士人喜欢自己，这本是人们的愿望，却不足以解除舜的忧愁；爱好美色，本也是人们的愿望，但舜娶了尧的两个女儿，却不足以解除忧愁；富有，本是人们的愿望，但舜拥有天下的财富，却不足以解除忧愁；尊贵，本也是人们的愿望，但舜获得了身为天子的尊贵，还不足以解除忧愁。（对于舜来说，）人们喜欢自己、爱好美色、财多地位高，没有一样足以解除忧愁的，只有使父母顺心悦意才可以解除忧愁。（大抵）人在儿童时期，就只知怀恋父母；知道爱好美色了，就倾慕年轻而又漂亮的人；有了妻子，便宠爱妻子；走上了做官的道路，就倾心于君主，要是得不到君主的信任，内心便要感到焦急烦躁。（只有）大孝的人才会终身怀恋父母。到了五十岁的年纪还怀恋父母的，我在大舜身上看到了。』

第二章

【原文】

万章问曰：『《诗》云，「娶妻如之何？必告父母。」信斯言也，宜莫如舜。舜之不告而娶，何也？』

孟子曰：『告则不得娶。男女居室，人之大伦也。如告，则废人之大伦，以怼①父母，是以不告也。』

万章曰：『舜之不告而娶，则吾既得闻命矣；帝之妻舜而不告，何也？』

曰：『帝亦告知焉则不得妻也。』

万章曰：『父母使舜完廪，捐阶②，瞽瞍焚廪。使浚井，出，从而揜③之。象④曰：「谟盖都君咸我绩⑤，牛羊父母，仓廪父母，干戈朕，琴朕，弤⑥朕，二嫂使治朕栖⑦。」象往入舜宫，舜在床琴。象曰：「郁陶⑧思君尔。」忸怩⑨。舜曰：「惟兹臣庶，汝其于予治。」不识舜不知象之将杀己与？』

曰：『奚而不知也？象忧亦忧，象喜亦喜。』

曰：『然则舜伪喜者与？』

曰：『否！昔者有馈生鱼于郑子产，子产使校人畜之池。校人烹之，反命曰：「始舍之，圉圉焉；少则洋洋焉；攸然而逝。」子产曰：「得其所哉！得其所哉！」校人出，曰：「孰谓子产智？予既烹而食之，曰，得其所哉，得其所哉。」故君子可欺以其方，难罔以非其道。彼以爱兄之道来，故诚信而喜之，奚伪焉？』

【注释】

①怼（duì）：怨、怨恨。

②捐阶：撤掉梯子。

③掩：即『掩』今简化。

④象：舜的同父异母弟弟。

⑤谟盖都君咸我绩：谟，谋、策划。盖，通『害』。都君，指舜。咸，全、都。绩，功劳。意思是，谋害舜都是我的功劳。

⑥弤（dǐ）：雕弓。舜使用的弓。

⑦栖：床。

⑧郁陶：思念的样子。

⑨忸怩（niǔ ní）：不好意思，惭愧的样子。惟：思、想、想念。于：为、替。校人：管理池塘的小官。

圉圉（yǔ yǔ）：形容鱼初入水时不爱动的样子。

【译文】

万章问：『《诗经》上说：「娶妻该怎么做？一定要先禀告父母。」相信这句话的人，应该没有谁比得上舜。然而舜没有先禀告父母，却娶了妻子，这是什么道理？』

孟子回答道：『先禀告父母就娶不成妻子了。男女结婚，是人之间的常理。如果先禀告了，这个常理就会受到阻碍，造成对父母的怨恨，所以便不禀告了。』

万章又问：『舜不禀告父母而娶妻，我已经懂得其中的道理了；帝尧把女儿嫁给舜，却不向舜的父母说一声，这又是什么道理？』

孟子回答道：『帝尧也知道如果向舜的父母说明，女儿也就嫁不成了。』

万章说：『舜的父母要舜去修缮粮仓，等舜上了屋顶，就把梯子拿掉，他父亲瞽瞍还放火烧粮仓。后来又要舜去淘井，不知道舜已经出来了，用土去把井堵死。舜的弟弟象说：「谋害舜都是我的功劳，牛羊分给父母，粮仓分给父母，兵器归我，琴归我，弓归我，两位嫂嫂替我收拾床铺。」象走向舜的住处，舜坐在床上弹琴。象说：「我好想念您啊！」但神色很慌张。舜说：「我想念着臣子和老百姓，你替我管理他们吧！」我弄不明白，舜难道不知道象要杀他吗？』

孟子说：『舜怎么不知道呢？他的弟弟象忧愁，他也忧愁；象高兴，他也高兴。』

万章说：『那么舜高兴的样子是假装的吗？』

孟子说：『不是。从前有人送活鱼给郑国的子产，子产让管理池塘的小官把鱼养在池塘里。这个小官把鱼煮熟吃了，却汇报说：「刚把鱼放进池塘，它还是半死不活的样子，不一会儿，就摇着尾巴活跃起来，很快就游向深处看不见了。」子产说：「它找到好地方了！它找到好地方了！」这个小官出来后，说：「谁讲子产很聪明，我已经把鱼煮熟吃了，他还说它找到好地方了，它找到好地方了。」所以对于君子可以用合乎常情的办法来欺骗他，不能用违反道理的手段去蒙蔽他。象装扮出敬爱兄长的样子来，舜因此深信不疑并喜欢他，怎么可能是假装的呢？』

第三章

【原文】

万章问曰：『象日以杀舜为事，立为天子，则放之，何也？』

孟子曰：『封之也；或曰，放焉。』

万章曰：『舜流共工于幽州①，放兜于崇山②，杀三苗于三危③，殛鲧于羽山④，四罪而天下咸服，诛不仁也。象至不仁，封之有庳⑤，有庳之人奚罪焉？仁人固如是乎——在他人则诛之，在弟则封之？』

曰：『仁人之于弟也，不藏怒焉，不宿怨焉，亲爱之而已矣。亲之，欲其贵也；爱之，欲其富也。封之有庳，富贵之也。身为天子，弟为匹夫，可谓亲爱之乎？』

『敢问或曰放者，何谓也？』

曰：『象不得有为于其国，天子使吏治其国而纳其贡税焉，故谓之放。岂得暴彼民哉？虽然，欲常常而见之，故源源而来。「不及贡，以政接于有庳。」此之谓也。』

【注释】

①流共工于幽州：共工，水官名。

②放兜于崇山：兜，尧、舜时的大臣。

③杀三苗于三危：三苗，国名。三危，具体在今何处，众说纷纭。

④殛鲧于羽山：殛，杀戮。鲧，禹的父亲。

⑤有庳（bì）：地名，有人认为在湖南道县北，但距舜都蒲阪三千多里，又有太行山之阻，因此有人认为此说有疑。

【译文】

万章问道：『象每天盘算谋杀舜的事，等舜做了天子，却仅仅是把他流放了，这是为什么？』

孟子说：『实际上是封他为诸侯；有人说是流放他。』

万章说：『舜把共工流放到幽州，把兜发配到崇山，把三苗杀死在三危，诛杀鲧于羽山，处置了这四个罪人天下便都归服了，这是因为讨伐了不仁者。而象是最不仁的，却被封到有庳，有庳国百姓到底有什么罪过？难道仁人就可以这样吗——对别人则加以诛伐，对弟弟就封赏国土？』

答道：『仁人对于弟弟，心里不藏怒气，不积怨恨，只是亲爱他罢了。亲他，就要让他显贵；爱他，就要让他富有。把有庳封赏给他，就是要让他享有富贵。自己为天子，弟弟为平民，能够说是亲爱他吗？』

〔万章又问〕：『敢再请教，有人说是流放，这是什么意思？』

答道：『象不能在他的封国上自行其是，天子派官吏来治理他的国家，缴纳赋税，因此有人说是流放。象难道能虐待百姓吗？尽管这样，舜还是经常想见到他，所以象不断地来和舜相见。「不一定要等到朝贡，因为政治上的需要来与有庳联系。」说的就是这个意思。』

第四章

【原文】

咸丘蒙①问曰：『语云，「盛德之士，君不得而臣，父不得而子。」舜南面而立，尧帅诸侯北面而朝之，瞽瞍亦北面而朝之。舜见瞽瞍，其容有蹙②。孔子曰：「于斯时也，天下殆哉，岌岌乎③！」不识此语诚然乎哉？』

孟子曰：『否，此非君子之言，齐东野人之语也。尧老而舜摄也。尧典④曰，「二十有八载，放勋乃徂落，百姓如丧考妣，三年，四海遏密八音⑤。」孔子曰：「天无二日，民无二王。」舜既为天子矣，又帅天下诸侯以为尧三年丧，是二天子矣。』

咸丘蒙曰：『舜之不臣尧，则吾既得闻命矣。诗云，「普天之下，莫非王土；率土之滨，莫非王臣⑥。」而舜既为天子矣，敢问瞽瞍之非臣，如何？』

曰：『是诗也，非是之谓也；劳于王事而不得养父母也。曰，「此莫非王事，我独贤劳⑦也。」故说诗者，不以文害辞，不以辞害志。以意逆志，是为得之。如以辞而已矣，《云汉》之诗曰，「周余黎民⑧，靡有孑遗。」信斯言也，是周无遗民也。孝子之至，莫大乎尊亲；尊亲之至，莫大乎以天下养。为天子父，尊之至也；以天下养，养之至也。诗曰，「永言孝思，孝思维则⑨。」此之谓也。书曰，载见瞽瞍，夔夔齐栗；瞽瞍亦允若。」是为父不得而子也？』

【注释】

①咸丘蒙：孟子的弟子。

②蹙（cù）：愁苦不安的样子。

③殆哉岌岌乎：殆（dài），危险。岌岌（jí），山高貌，喻危险。

④《尧典》：《尚书》篇名，亦称《帝典》。

⑤四海遏密八音：四海，指民间。遏，停止。密，通『谧』，安静、静业。八音，金、石、丝、竹、匏（páo，葫芦的一种）、土、革、木所制乐器发出的声音。泛指音乐。

⑥「普天之下，莫非王土……」：是《诗经·小雅·北山篇》第二章中的诗句。

⑦「此莫非王事，我独贤劳」：亦见《北山篇》。

⑧周余黎民，靡有孑遗：是《诗经·大雅·云汉篇》第三章中的诗句。孑（jié），孤独。

⑨永言孝思，孝思维则：是《诗经·大雅·下武篇》第三章中的诗句。

【译文】

咸丘蒙问道：『俗语说，「道德修养最高的人，国君不能以他为臣，父亲不能以他为子。」舜南面而立当了天人，尧就带领诸侯向北面朝见他，连他父亲瞽瞍也向北面朝他。舜见到瞽瞍，神情惶惶不安。孔子说：「在此时，天下可危险得不得了呀！」不知道此话果真如此吗？』

孟子说：『不！这不是君子口里说出来的话，而是齐东野人的话。是尧上了岁数而叫舜代理天子的。《尧典》上说，「二十八年后，放勋尧死了，人们像死了父母一样服丧三年，四海之内停止了音乐。」孔子说：「天上没有两个太阳，人间没有两个君主。」舜如真在尧死前已经当了天子，又带天下诸侯为尧服丧三年，就成为有两个同时的天子了。』

咸丘蒙说：『舜没把尧当臣子，我已向您领教明白了。《诗经》上说：「天下所有的领土，没有一处不归君主；环绕四周的人群，全体都是王的臣属。」然而，尧既已成为天子，敢冒昧请问，瞽瞍竟不是他的臣民，为什么？』

孟子说：『这篇《诗》，不是你所理解的这个含意，而是说作诗的人为王事勤劳，不能侍奉父母，诗中说，「这些没一件不是王的任务，为什么却偏要我一人辛苦。」因此，解释诗的人，不能因文字损害语句，从语句屈解原作主旨，要按精神去追溯揣测主旨，才算真正理解。如果只一个劲抠字眼，那么〔例如〕《云汉》诗说：「周朝剩余的平民，没有一个人生存。」相信这句话（字面的意思），就是周朝连一个人也没能保存。孝子最大的孝，莫过于尊敬父母；尊敬父母的最高程度，莫过于以天下来奉养父母。（瞽瞍）身为天子的父亲，尊贵到了顶点；（舜）以天下来奉养他，奉养达于顶点。《诗经》中还说：「孝道要永远提倡，孝道是天下的榜样。」正是这个意思。《书经》中说：「（舜）恭恭敬敬地见瞽瞍，态度谨慎手脚颤抖，瞽瞍也达观安详不再别扭。」这怎能说是父亲不能以他为子呢？」

第五章

【原文】

万章曰：「尧以天下与舜，有诸？」

孟子曰：「否。天子不能以天下与人。」

「然则舜有天下也，孰与之？」

曰：「天与之。」

「天与之者，谆谆然[1]命[2]之乎？」

曰：「否。天不言，以行与事示之而已矣。」

曰：「以行与事示之者，如之何？」

曰：「天子能荐[3]人于天，不能使天与之天下；诸侯能荐人于天子，不能使天子与之诸侯；大夫能荐人于诸侯，不能使诸侯与之大夫。昔者，尧荐舜于天，而天受之；暴[4]之于民，而民受之。故曰：天不言，以行与事示之而已矣。』

曰：『敢问荐之于天，而天受之；暴之于民，而民受之，如何？』

曰：『使之主祭，而百神享之，是天受之；使之主事，而事治，百姓安之，是民受之也。天与之，人与之，故曰：天子不能以天下与人。舜相⑤尧二十有八载，非人之所能为也，天也。尧崩⑥，三年之丧毕，舜避尧之子于南河⑦之南，天下诸侯朝觐⑧者，不之尧之子而之舜；讼狱⑨者，不之尧之子而之舜；讴歌者，不讴歌尧之子而讴歌舜，故曰：天也。夫然后之中国，践天子位焉，而居尧之宫，逼尧之子，是篡也，非天与也。《太誓》曰：「天视自我民视，天听自我民听。」此之谓也。』

【注释】

①谆谆然：谆，热诚地告之。

②命：告诫。

③荐：推荐。

④暴（pù）：显现，公开。

⑤相：辅佐，帮助。

⑥崩：古代帝王或王后死叫崩。

⑦南河：水名，今河南濮城境内。

⑧觐（jìn）：古代诸侯在秋天朝见帝王。此泛指朝见帝王。

⑨讼狱：同义复词，即打官司。中国：帝王所在的城市在国土的中间，所以叫中国。古代汉人以为全

部地域，中国处于正中，而帝都又是国之正中。践：踏，登上。这两句出自梅氏伪古文的《太誓》。

【译文】

万章问道：尧把天下送给舜，有这么回事吗？』

孟子回答道：『没有的事！天子是不能够把天下送给人的。』

万章接着问：『但是舜的确拥有了天下，谁授予他的呢？』

孟子说：『是天授予舜的。』

万章又问：『是天授予舜的话，那（授予的时候）天热忱认真地告诫过舜吗？』

孟子说：『没有。天是不说话的，只是通过行为和具体工作表现出来罢了。』

万章又说：『是怎样地通过行为和具体工作表现出来呢？』

孟子说：『天子可以向天推荐人，但不能命令天把天下授予这个人；诸侯有权利向天子推荐人，但不能命令天子分封这个人为诸侯；大夫能够向诸侯推荐人，但不能强求诸侯任命这个人担任大夫的职位。从前，尧向天推荐舜，天接受了；再把舜介绍给老百姓，广大老百姓也接受了。所以说，天不说话，而通过行为和具体的工作来表现（它的意志）。』

万章又说道：『请问，您所说的推荐给天，天接受了；公开介绍给老百姓，老百姓也接受了，具体是怎么回事呢？』

孟子说：『（具体做法就是）让他主持祭祀，所有的神明都来享用，这就表示天接受了；让他处理政务，各项工作都开展得很好，人民群众很拥护他，这就标志着人民群众接受了。（可见天下只有）天有权授予，人民群众有权授予，所以说，天子是不能把天下授予人的。舜辅佐尧治理天下有二十八年，这不是凭某一个人的意志所能做到的，而是天意。尧帝去世以后，三年服丧期满，（为了让尧的儿子继承他的地位，）舜就避开尧的儿子，躲到南河的南边去了。（但即便如此，）普天下的诸侯去朝见天子的，不到尧的儿子那儿却去舜那儿；打官司的，不到尧的儿子那里而去舜那儿；歌颂的人，也不歌颂尧的儿子却歌颂舜。所以说，（舜得天下）是上天的意志。这样，舜才回到首都，坐上天子的宝座。（如果舜不是上述那种情况下登的位，）而是自己先住进尧的宫室里去，逼迫尧的儿子让位，这就是篡权了，而不是上天授予的。《太誓》上说过：「上天的眼睛实质上就是老百姓的眼睛，上天的耳朵实质上就是老百姓的耳朵。」正是这个意思。』

第六章

【原文】

万章问曰：『人有言至于禹而德衰，不传于贤而传于子。有诸？』

孟子曰：『否，不然也。天与贤则与贤，天与子则与子。昔者舜荐禹于天，十有七年，舜崩，三年之丧毕，禹避舜之子于阳城①，天下之民从之，若尧崩之后不从尧之子而从舜也。禹荐益于天，七年，禹崩，三年之丧毕，益避禹之子于箕山之阴②，朝觐、讼狱者不之益而之启③，曰「吾君之子也」；讴歌者不讴歌益而讴歌启，曰「吾君之子也」。丹朱之不肖，舜之子亦不肖，舜之相尧、禹之相舜也历年多，施泽于民久；启贤，能敬承继禹之道，益之相禹也历年少，施泽于民未久。舜、禹、益相去久远④，其子之贤、不肖，皆天也，非人之所能为也。莫之为而为者天也，莫之致而至者命也。匹夫而有天下者，德必若舜、禹，而又有天子荐之者，故仲尼不有天下。继世以有天下，天之所废必若桀纣者也，故益、伊尹、周公不有天下。伊尹相汤以王于天下，汤崩，太丁未立，外丙二年，仲壬四年。太甲颠覆汤之典刑⑤，伊尹放之于桐⑥，三年，太甲悔过，自怨自艾，于桐处仁迁义三年，以听伊尹之训己也，复归于亳。周公之不有天下，犹益之于夏、伊尹之于殷也。孔子曰：「唐、虞禅，夏后、殷、周继，其义一也。」』

【注释】

①阳城：山名，在今河南登封以北。

②箕山：在今河南登封东南。

③启：禹的儿子。

④久远：犹今言长短。

⑤颠覆：坏乱也典刑常法。

⑥桐：在今河南商丘以西，位处当时商国都的西南方。

【译文】

万章问道：『人们说到了禹时道德就衰败了，天下不传给贤人而传给儿子。有这回事吗？』

孟子说：『不对，不是这样的。上天把天下给贤人就给贤人，上天把天下给儿子就给儿子。过去舜向上天推荐禹，过了十七年，舜去世了，三年服丧结束，禹到阳城回避舜的儿子，天下的民众跟随他，如同尧去世后不跟随尧的儿子而跟随舜一样。禹向上天推荐益，过了七年，禹去世了，三年服丧结束，益到箕山之北回避禹的儿子，朝见、诉讼的人不去见益而去见启，说「是我们君主的儿子」；歌颂的人不歌颂益而歌颂启，说「是我们君主的儿子」。尧的儿子丹朱品行不好，舜的儿子也品行不好，舜辅佐尧、禹辅佐舜经历年岁多，给予民众恩惠很长；启很贤明，能虔诚地继承禹的德行，益辅佐禹经历年岁少，给予民众恩惠不长。舜、禹、益相隔年岁的长短，他们儿子的贤明或品行不好，是天意，不是人力所能左右的。没有人叫他们做的却做到了是天意，没有人给予他们的却得到了是命运。一介平民得以拥有天下的人，德行必定如舜、禹一样，而且还要有天子推荐他，所以孔子没能拥有天下。继承祖先而拥有天下的，上天所废弃的必定是如同桀、纣那样的人，所以益、伊尹、周公没能拥有天下。伊尹辅佐成汤称王天下，成汤去世了，太丁还没继位就死了，外丙在位二年，仲壬在位四年。太甲破坏了成汤的法度，伊尹把他放逐到桐邑，过了三年，太甲悔悟了过错，怨恨自己、改正自己，在桐邑的三年，他安心于仁、以义来改变行为，听从伊尹训导自己，终于重新回到了亳都。周公没能拥有天下，犹如益在夏代、伊尹在殷代一样。孔子说：「陶唐氏、有虞氏禅让，夏、殷、周三代继位，他们的道理是一样的。」』

第七章

【原文】

万章问曰：『人有言，「伊尹以割烹要汤。」有诸？』

孟子曰：『否，不然！伊尹耕于有莘①之野，而乐尧舜之道焉。非其义也，非其道也，禄之以天下，弗顾也；系马千驷，弗视也。非其义也，非其道也，一介②不以与人，一介不以取诸人。汤使人以币聘之，嚣嚣[③]然曰：「我何以汤之聘币为哉？我岂若处畎亩之中，由是以乐尧舜之道哉？」汤三使往聘之，既而幡然[④]改曰：「与[⑤]我处畎亩之中，由是以乐尧舜之道，吾岂若使是君为尧舜之君哉？吾岂若使是民为尧舜之民哉？吾岂若于吾身亲见之哉？天之生此民也，使先知觉后知，使先觉觉后觉也。予，天民之先觉者也；予将以斯道觉斯民也。非予觉之，而谁也？」思天下之民，匹夫匹妇有不被尧舜之泽者，若己推而内[⑥]之沟中。其自任以天下之重如此，故就汤而说[⑦]之以伐夏救民。吾未闻枉己而正人者也，况辱己以正天下者乎？圣人之行不同也，或远，或近；或去，或不去；归洁其身而已矣。吾闻其以尧舜之道要汤，未闻以割烹也。《伊训》曰：『天诛造攻自牧宫，朕载自亳[⑧]。』」

【注释】

①有莘：莘，古国名。在今河南陈留县东北。

②一介：同『一芥』，一点点。

③嚣嚣：消闲自在。

④幡然：同『翻然』。

⑤与：与其。

⑥内：同『纳』。

⑦说（shuì）：游说、说服。

⑧天诛造攻自牧宫，朕载自亳：天诛，上天的讨伐。造，始、开始于。牧宫，桀宫。朕，第一人称，我；从秦始皇开始，朕只作为皇帝自称。载，始、开始。自，从、由。

【译文】

万章问：『有人说：「伊尹用给汤当厨师的办法去求汤。」有这样的事吗？』

孟子回答道：『没有，不是这样的。伊尹在莘国的郊野耕种，而以尧舜之道为乐事。如果不合乎义，不合乎道，即使把天下的财富都作为俸禄给他，他也不回头看一下；即使把4000匹好马系在那里，他也不望一下。如果不合乎义，不合乎道，他一小点也不给别人，也不向别人索取一小点。汤曾经派人带着礼物去聘请他，他一点都不在意地说：「我凭什么要接受汤的这个礼物呢？我为什么不住在田野之中，以尧舜之道为乐事呢？」汤多次派人去聘请他，他改变了原先的态度说：「我与其住在田野之中，以尧舜之道为乐事，不如使现在的君主去做尧舜一样的君主呢！不如使现在的百姓去做尧舜时代一样的百姓呢！我为什么不让自己亲眼看到它呢？上天生育百姓，是要让先知者启发后知者，先觉者引导后觉者。我是百姓中的先觉者；我要用这个尧舜之道去启发引导后觉者。不是我去启发引导他们，还有谁去呢？」伊尹是这样想的，天下的百姓如果有一个男子或一个妇女没有受到尧舜的恩泽，就好像自己把他们推到深沟里一样。他就是这样地把天下重担挑在自己身上，所以到了汤那里，说服汤去讨伐夏桀拯救百姓。我从来没有听说过自己行为不正而能够匡正别人的，更何况是先使自己遭受侮辱却能够匡正天下的呢？圣人的行为各有不同，有的疏远君主，有的亲近君主；有的离开朝廷，有的在朝做官；归根结底，是要保持自身清白干净罢了。我只听说伊尹是请求汤实行尧舜之道，没有听说他要给汤当厨师切肉做菜的事。《伊训》说：「天上的讨伐是在夏桀的宫室里由他自己造成的，我只不过从殷都亳邑开始打算罢了」。』

第八章

【原文】

万章问曰：『或谓孔子于卫主痈疽①，于齐主侍人瘠环②，有诸乎？』

孟子曰：『否，不然也；好事者为之也。于卫主颜仇由③。弥子④之妻与子路之妻，兄弟也。弥子谓子路曰：「孔子主我，卫卿可得也。」子路以告。孔子曰：「有命。」孔子进以礼，退以义，得之⑤不得曰「有命」。而主痈疽与侍人瘠环，是无义。无命也。孔子不悦于鲁卫，遭宋桓司马将要而杀之⑥，微服⑦而过宋，是时孔子当厄，主司城贞子⑧，为陈侯周⑨臣。吾闻观近臣，以其所为主；观远臣，以其所主。若孔子主痈疽与侍人瘠环，何以为孔子？』

【注释】

①痈疽：人名，卫灵公宠幸的宦官。

②瘠环：人名，齐国宦官。

③颜仇由：人名，亦作颜浊邹，齐国人。

④弥子：卫灵公的宠臣弥子瑕。

⑤得之：之，同『与』。得之不得。意思是，得与不得。

⑥遭宋桓司马将要而杀之：遭，遭遇。宋桓司马，宋国司马桓（tuí）。要，拦截。

⑦微服：改换了平日的衣服打扮。

⑧主司城贞子：『主，把……作为房主人』。孔子住在陈国司城贞子家里。

⑨陈侯周：陈国怀公的儿子。近臣：在朝的臣。远臣：远方来做官的臣。

【译文】

万章问：『有人说孔子在卫国住在卫灵公宠幸的宦官痈疽家里，在齐国也住在宦官瘠环家里，有这样的事吗？』

孟子回答道：『没有，不是这样的。这是造谣的人散布出来的。孔子在卫国，住在颜仇由家中。弥子瑕的妻子和子路的妻子是姊妹。弥子瑕对子路说：「孔子住在我家中，可以得到卫国卿相的官职。」子路把这话告诉了孔子。孔子说：「听命运安排好了。」孔子按照礼仪而进，根据道义而退，无论得到官职还是没有得到官职都说命运安排。如果他住在痈疽和宦官瘠环家里，那就是无视礼仪和道义，不顾命运了。孔子在鲁国和卫国时不得志，又碰到宋国的司马桓准备拦截他并将他杀死，只得化装悄悄地离开宋国。当时孔子处境很困难，住在司城贞子家中，做了陈侯周的臣子。我听说观察在朝的臣子，看他所招待的客人；观察外来的臣子，看他所寄居的主人。假如孔子真的住在痈疽和宦官瘠环家里，怎么还能算是有德行的孔子呢？』

第九章

【原文】

万章问曰：『或曰：「百里奚①自鬻于秦养牲者五羊之皮。食牛，以要秦穆公。」信乎？』

孟子曰：『否，不然。好事者为之也。百里奚，虞人也。晋人以垂棘之璧与屈产之乘②，假道于虞以伐虢。

宫之奇谏，百里奚不谏，知虞公之不可谏而去。之秦，年已七十矣，曾不知以食牛干秦穆公之为污也，可谓智乎？不可谏而不谏，可谓不知乎？知虞公之将亡而先去之，不可谓不知也。时举于秦，知穆公之可与有行也而相之，可谓不智乎？相秦而显其君于天下，可传于后世，不贤而能之乎？自鬻以成其君，乡党自好者不为，而谓贤者为之乎？』

【注释】

①百里奚：春秋末期虞国人，后被当作奴隶卖到秦国，辅佐秦穆公成就霸业。

②垂棘之壁与屈产之乘：垂棘，地名。屈，地名。乘，四匹良马。

【译文】

万章问道：『有人说：「百里奚把自己卖到秦国养牲口的人家，价钱是五张羊皮。用喂牛的机会去求秦穆公。」真有这事吗？』

孟子说：『不是这样的。这是喜欢造谣的人编造的。百里奚是虞国人。晋国用垂棘产的玉璧与屈地产的四匹良马，借道于虞国去讨伐虢国。宫之奇劝谏，但百里奚没有劝谏，知道虞君劝不好干脆就离开了虞国。到了秦国，百里奚已经七十岁了，如果不知道靠喂牛去求秦穆公是低下的事，能说是聪明吗？不能劝谏就不劝谏，能说不聪明吗？知道虞国将要灭亡而提早离开，不能说是不聪明。在秦国被人举荐，知道穆公可以有大的作为就辅佐他，能说不聪明吗？在秦国做国相能让君王显名声于天下，并流传到后世，不贤能的人能做到吗？把自己卖掉去成就他的君主，就是乡下普通洁身自好的人也不干，你说贤者能去干吗？』

万章下

第一章

【原文】

孟子曰：『伯夷，目不视恶色，耳不听恶声。非其君不事，非其民不使。治则进，乱则退。横政之所出，横民之所止，不忍居也。思与乡人处，如以朝衣朝冠坐于涂炭也。当纣之时，居北海之滨以待天下之清也。故闻伯夷之风者，顽①夫廉，懦夫有立志。

『伊尹曰：「何事非君？何使非民？」治亦进，乱亦进，曰：「天之生斯民也，使先知觉后知，使先觉觉后觉。予，天民之先觉者也。予将以此道觉此民也。」思天下之民匹夫匹妇有不与被尧舜之泽者，若己推而内之沟中，其自任以天下之重也。

『柳下惠不羞君，不辞小官；进不隐贤，必以其道；遗佚而不怨，穷而不悯。与乡人处，由由然不忍去也。「尔为尔，我为我，虽袒裼裸裎于我侧，尔焉能浼我哉？」故闻柳下惠之风者，鄙夫②宽，薄夫敦。

『孔子之去齐，接淅③而行；去鲁，曰「迟迟吾行也」，去父母国之道也。可以速而④速，可以久而久，可以处而处，可以仕而仕，孔子也。』

孟子曰：『伯夷，圣之清者也；伊尹，圣之任者也；柳下惠，圣之和者也；孔子，圣之时者也。孔子之谓集大成。集大成也者，金声而玉振之也⑤。金声也者始条理也；玉振之也者终条理也。始条理者智之事也，终条理者圣之事也。智譬则巧也；圣譬则力也。由⑥射于百步之外，其至尔力也；其中非尔力也。』

【注释】

①顽：古者皆是贪字。

②鄙：陋。

③接淅：即淘米。

④而：则。

⑤金声玉振：朱熹集注中说：『并奏八音，则于其未作，而先击钟，以先其声；俟其既阕，而后击特磬，以收其韵。』振，即收。

⑥由：同犹。

【译文】

孟子说：『伯夷的眼睛不看不好的事物，耳朵不听不好的声音。不是理想的君主不去侍奉；不是理想的百姓不去使唤。天下太平就出来做官，天下混乱就退隐。凡施行暴政的国家，住有暴民的地方，他都不愿意去住。他以为和乡下人处在一起，好像穿戴着上朝的衣冠，坐在污泥和炭灰上一样。在商纣的时候，他住在北海边，等待天下的清平。所以听说伯夷的风范后，贪婪的人会廉洁，懦弱的人会立志。

『伊尹说，「哪样的君主不能侍奉？哪样的百姓不可使唤？」社会太平也出来做官，社会混乱也出来做官。他还说，「老天爷生下这些百姓，就是要先知先觉的人来开导后知后觉的人。我是这些人中的先觉者，我要以尧舜之道来开导他们。」他这样想，在天下百姓中，只要有一个男子或一个女子没有沾润尧舜之道的好处，就像是自己把他们推到山沟里一样。这就是他把天下的重任主动担在肩上的精神。

『柳下惠不把侍奉恶君当作羞耻，也不因为官小而辞职。立于朝廷，不隐藏自己的才能，但一定按原则办事。自己被遗弃，也不怨恨；身处困境，也不忧愁。同乡下人相处，高高兴兴的，不忍离开。他说：「你是你，我是我，你即使在我身边赤身裸体，又怎能玷污我呢！」所以听到柳下惠风范后，胸襟狭窄的人也宽大起来，刻薄的人也厚道起来。

『孔子离开齐国，不等把米淘完，沥干就走；离开鲁国时，孔子却说：「我们慢慢走吧。」这是离开父母之邦该有的态度。该马上走就马上走，该留下来就留下来，该隐退就隐退，该做官就做官，这便是孔子。』

孟子又说：『伯夷是圣人中的清高者，伊尹是圣人中负责任者，柳下惠是圣人中的随和者，孔子是圣人中的识时务者。孔子，可以称他为集大成者。「集大成」的意思，就像奏乐，先敲钟，是乐章节奏的开始，然后用特磬来给乐章收尾。条理的开始在于智，条理的终结在于圣。智好比技巧，圣好比气力。犹如在百步之外射箭，射到，是靠你的力气，射中，却不是你的力气（而是凭你的技巧）。』

第二章

【原文】

北宫[1]问曰：『周室班[2]爵禄也，如之何？』

孟子曰：『其详不可得闻也，诸侯恶其害己也，而皆去其籍；然而轲也，尝闻其略也。天子一位，公一位，侯一位，伯一位，子、男同一位，凡五等也。君一位，卿一位，大夫一位，上士一位，中士一位，下士一位，凡六等。天子之制，地方千里，公侯皆方百里，伯七十里，子、男五十里，凡四等。不能[3]五十里，不达于天子，附于诸侯，曰附庸。天子之卿受地视④侯，大夫受地视伯，元士受地视子、男。大国地方百里，君十卿禄，卿禄四大夫，大夫倍上士，上士倍中士，中士倍下士，下士与庶人在官者同禄，禄足以代其耕也。次国地方七十里，君十卿禄，卿禄三大夫，大夫倍上士，上士倍中士，中士倍下士，下士与庶人在官者同禄，禄足以代其耕也。小国地方五十里，君十卿禄，卿禄二大夫，大夫倍上士，上士倍中士，中士倍下士，下士与庶人在官者同禄，禄足以代其耕也。耕者之所获，一夫百亩；百亩之粪⑤，上农夫食九人，上次食八人，中食七人，中次食六人，下食五人。庶人在官者，其禄以是为差。』

【注释】

①北宫：卫国人。

②班：等级。

③不能：不足，不及。

④视：比。

⑤粪：施肥。

【译文】

北宫问道：『周朝制定的官爵和俸禄的等级制度，是怎样的？』

孟子答道：『详细情况已经不能知道了，因为诸侯都厌恶那种制度不利于自己，把有关的文献都毁掉了。但是我也曾听到一些。天子为一级，公为一级，侯为一级，伯为一级，子和男同为一级，共分五级。君为一级，卿为一级，大夫为一级，上士为一级，中士为一级，下士为一级，共分六级。天子直接管理的土地方圆千里，公和侯各方圆百里，伯七十里，子和男各五十里，一共四级。土地不够方圆五十里的国家，不能直接与天子联系，而附属于诸侯，叫作附庸。天子的卿所受的封地相当于侯，大夫所受的封地相当于伯，元士所受的封地相当于子、男。大国的土地方圆百里，国君的俸禄是卿的十倍，卿是大夫的四倍，大夫是上士的二倍，上士倍于中士，中士倍于下士，下士的俸禄与百姓中当官的相同，所得的俸禄也足以抵上他们耕种所得的收入。中等国家的土地方圆七十里，国君的俸禄是卿的十倍，卿是大夫的三倍，大夫倍于上士，上士倍于中士，中士倍于下士，下士的俸禄与百姓中当官的相同，所得的俸禄也足以抵上他们耕种所得的收入。小国的土地方圆五十里，国君的俸禄是卿的十倍，卿是大夫的二倍，大夫倍于上士，上士倍于下士，下士的俸禄与百姓中当官的相同，所得的俸禄也足以抵上他们耕种所得的收入。耕种的收获，一夫一妇分田百亩。百亩土地施肥耕种，上等的农夫可养活九个人，其次的养活八个人，中等的养活七个人，其次的养活六个人，下等的养活五个人。普通百姓当官差的，他们的俸禄也照此分等级。』

第三章

【原文】

万章问曰：『敢问友。』孟子曰：『不挟长，不挟贵，不挟兄弟而友。友也者，友其德也，不可以有挟也。孟献子，百乘之家也，有友五人焉①：乐正裘，牧仲，其三人，则予忘之矣。献子之与此五人者友也，无献子之家者也。此五人者，亦有献子之家，则不与之友矣。非惟百乘之家为然也，虽小国之君亦有之。费惠公曰②：「吾于子思，则师之矣；吾于颜般③，则友之矣；王顺、长息则事我者也④。」非惟小国之君为然也，虽大国之君亦有之。晋平公之于亥唐也，入云则入，坐云则坐，食云则食⑤，虽蔬食菜羹⑥，未尝不饱，盖不敢不饱也。然终于此而已矣。弗与共天位也，弗与治天职也，弗与食天禄也，士之尊贤者也，非王公之尊贤也。舜尚见帝⑦，帝馆甥于贰室⑧，亦飨舜，迭为宾主，是天子而友匹夫也。用下敬上⑨，谓之贵贵；用上敬下，谓之尊贤。贵贵尊贤，其义一也。』

【注释】

①孟献子有友五人：孟献子，鲁国大夫仲孙蔑，卒于鲁襄公十九年。

②费：音bì，小国名。

③颜般：般音bān，《汉书·古今人表》作颜敢，『敢』『般』以形近而误。

④王顺、长息：都是人名。

⑤入云、坐云、食云：『云入』『云坐』『云食』之倒文。

⑥蔬食：『蔬』同『疏』。『蔬食』，即《论语》『饭疏食饮水曲肱而枕之』之『疏食』。粗粝之食也。

⑦尚：同『上』。

⑧甥：此处指女婿。

⑨用：以也。

【译文】

万章问道：『请问交朋友的原则。』孟子答道：『交朋友不要倚仗自己年纪大，不要倚仗自己地位高，不要倚仗自己兄弟的富贵。所谓交朋友，正是看中了对方的品德，因此绝不能有所倚仗。孟献子是位具有一百辆车马的大夫，他有五位朋友：乐正裘，牧仲，其余三位，我忘记了。献子同这五位相交，他心目中并不存有自己是大夫的观念。这五位，如果也存在着献子是位大夫的观念，也就不会同他交友了。不单单是有一百辆车马的大夫这样，就是小国的君主也有朋友。费惠公说。「我对子思，则以他为老师；对于颜般，则以他为朋友；至于王顺和长息，那不过是替我工作的人罢了。」不单单小国的君主是这样，就是大国之君也有朋友。晋平公于亥唐，亥唐叫他进去，便进去；叫他坐，便坐；叫他吃饭，便吃饭。纵使糙米饭蔬菜汤，不曾不饱，因为不敢不饱。然而晋平公也只是做到这一点罢了。不同他一起共有官位，不同他一起治理政事，不同他一起享受俸禄，这只是一般士人尊敬贤者的态度，不是王公尊敬贤者所应有的态度。舜谒见尧，尧请他这位女婿住在另一处官邸中，也请他吃饭，（舜有时也做东，）互为客人和主人，这是天子同老百姓交友的范例。以职位卑下的人尊敬高贵的人，叫作尊重贵人；以高贵的人尊敬职位卑下的人，叫作尊敬贤者。尊重贵人和尊敬贤者，道理是相同的。』

第四章

【原文】

万章问曰：『敢问交际何心也？』

孟子曰：『恭也。』

曰：『「却之却之为不恭」，何哉？』

曰：『尊者赐之，曰，「其所取之者义乎，不义乎？」而后受之，以是为不恭，故弗却也。』

曰：『请无以辞却之，以心却之，曰「其取诸民之不义也」，而以他辞无受，不可乎？』

曰：『其交也以道，其接也以礼，斯孔子受之矣。』

万章曰：『今有御人于国门之外者①，其交也以道，其馈也以礼，斯可受御与？』

曰：『不可；《康诰》曰：「杀越人于货，闵不畏死，凡民罔不②。」是不待教而诛者也。殷受夏，周受殷，所不辞也；于今为烈，如之何其受之？』

曰：『今之诸侯取之于民也，犹御也。苟善其礼际矣，斯君子受之，敢问何说也？』

曰：『子以为有王者作，将比今之诸侯而诛之乎③？其教之不改而后诛之乎？夫谓非其有而取之者盗也，充类至义之尽也。孔子之仕于鲁也，鲁人猎较④，孔子亦猎较。猎较犹可，而况受其赐乎？』

曰：『然则孔子之仕也，非事道与⑤？』

曰：『事道也。』

『事道奚猎较也？』

曰：『孔子先簿正祭器⑥，不以四方之食供簿正。』

曰：『奚不去也？』

曰：『为之兆也⑦。兆足以行矣，而不行，而后去，是以未尝有所终三年淹也。孔子有见行可之仕，有际可之仕⑧，有公养之仕⑨。于季桓子，见行可之仕也；于卫灵公，际可之仕也；于卫孝公，公养之仕也。』

【注释】

①御人于国门之外：御，止。这句是说用暴力拦截行人而杀之。

②《康诰》曰数句：《康诰》，《尚书》篇名，成王打败管、蔡后，将殷国余下的百姓封给康叔统治，作《康诰》。
③比（bì）：连。
④猎较（jué）：田猎时互相比较夺得禽兽的多少。
⑤事道：是说以行道为职志。
⑥簿正祭器：先用簿书正确规定祭器，使有定数，不用四方难以为继的东西充祭品，从根本上建立制度，这样猎较这种陋习也就会自然而然地废止了。
⑦兆：始。
⑧际可：有礼节接待某个人。
⑨公养：国君养贤人的礼节，是指对当时一般人的礼遇。卫孝公：即卫出公辄，一个人两个谥号，本是古已有之的制度。

【译文】

万章问道：『请问与人交际的时候，应该抱着什么思想？』

孟子说：『应该出以恭敬之心。』

万章又问：『（人家常说，）「老是拒绝接受别人赠送的礼物便是不恭敬」，这是什么意思呢？』

孟子说：『要是一位有地位的人赠送东西，自己先这么考虑道：「他取得这些东西是合乎义呢，还是不合于义呢？」然后才接受，因为这样做是不恭敬，所以就不拒绝接受了。』

万章说：『请不要用语言去拒绝，而在心里拒绝他，心想，「他的赠物是取之于民的不义之财」，然后用别的借口不接受他的，这样做难道不可以吗？』

孟子说：『他以正道来相交往，以礼节来相接触，这样就是孔子也是会接受他赠送的礼物的。』

万章说：『假如现在有人在京都郊野截杀行人，（抢劫财物，）他也以正道来相交往，以礼节来有所馈赠，这样难道还可以接受他那抢来的横财不成？』

孟子说：『不可以；《康诰》中曾经这样说：「杀害行人，劫夺财物，一味强横，一点也不怕死，（对于这种人，）所有百姓没有不恨之入骨的。」这种人不必等待先进行教育就可以诛杀他。殷朝继承了夏朝这条法规，周朝又继承了殷朝这条法规，这是它们所不愿更改的；现在这种杀人抢劫财物的行为就更是厉害了，怎么能接受这种馈赠呢？』

万章说：『现在的诸侯从百姓那里榨取血汗，跟强盗杀人劫物的行径差不多。如果他们把相交往的礼节表演得很出色，这样君子就可以接受他们的馈赠，请问这又该怎样解释呢？』

孟子说：『你以为有圣王兴起，会将现在的诸侯不问青红皂白一股脑儿全部诛杀呢？还是先教育他们，如果再不悔改然后再诛杀呢？（人们）说不是他所应该有的东西却要去取它到手是盗贼的行径，那只是推行它的意义，提高到最高原则上来说的，（并不是把他就看作是真的盗贼。）孔子在鲁国做官时，鲁国人开展猎物多少的竞赛活动，孔子也参加这种竞赛活动。参加猎物多少的竞赛活动尚且可以，更何况接受他们赠送的礼物呢？』

万章说：『那么孔子的做官，难道不是为了实现自己的政治主张吗？』

孟子说：『是为了实现自己的政治主张。』

万章紧接着问道：『为了实现政治主张，为什么又要去参加猎物多少的竞赛活动？』

孟子答道：『孔子先用文书规定祭器的数目，并且规定不得用四方难以获得的食物来盛在文书规定的祭器中充祭品，（这样，为了获得猎物供祭祀的「猎较」活动久而久之，便会自动废止了。）』

万章又问：『（孔子）为什么不离去呢？』

孟子说：『（孔子）是要先开个头，（试行一下自己的政治主张，）如果这个开头证明自己的政治主张可以行得通，而主管其事的人君却不肯实行，然后才离去，所以孔子（在他所到过的国家）从来不曾有待过三年整的。孔子（做官大约有这样三种情况：）有的是看见有行道的可能而做官，有的是因国君对自己能以礼相待而做官，有的则是由于国君能够养贤而做官。对于季桓子，就是看见有行道的可能而做官的；对于卫灵公，就是因国君对自己能以礼相待而做官的；对于卫孝公，则是由于国君能够养贤而做官的。』

第五章

【原文】

孟子曰：『仕非为贫也，而有时乎为贫；娶妻非为养也，而有时乎为养。为贫者，辞尊居卑，辞富居贫。辞尊居卑，辞富居贫，恶乎宜乎？抱关击柝[①]。孔子尝为委吏[②]矣，曰：「会计当而已矣。」尝为乘田[③]矣，曰：「牛羊茁壮长而已矣。」位卑而言高，罪也；立乎人之本朝而道不行，耻也。』

【注释】

①抱关击柝：抱关，守门的小卒。击柝，夜行打更。

②委吏：管仓库的小吏。

③乘田：管苑囿的小吏，负责六畜的饲养。

【译文】

孟子说：『做官不是因为贫穷，但有时也因为贫穷；娶妻并非为了孝养，但有时也为了孝养。因为贫穷而做官，就该辞掉高官，居于卑位，拒绝厚禄，领取薄俸。辞掉高官，居于卑位，拒绝厚禄，领取薄俸，那该居于什么合适的位置？做个守门打更的小官就行了。孔子也曾做过管仓库的小吏，说：「收支的数字都对了。」还做过管牲畜的小吏，说：「牛羊都壮实地长大就是了。」职位卑微而高谈国事，这是罪过；在朝廷做官，但自己的治国之道不能实行，这是耻辱。』

第六章

【原文】

万章曰：『士之不托诸侯，何也？』

孟子曰：『不敢也。诸侯失国，而后托于诸侯，礼也；士之托于诸侯，非礼也。』

万章曰：『君馈之粟，则受之乎？』

曰：『受之。』

『受之何义也？』

曰：『君之于氓也，固周之①。』

曰：『周之则受，赐之则不受，何也？』

曰：『不敢也。』

曰：『敢问其不敢何也？』

曰：『抱关击柝者皆有常职以食于上。无常职而赐于上者，以为不恭也。』

曰：『君馈之，则受之，不识可常继乎？』

曰：『缪公之于子思也，亟问，亟馈鼎肉②。子思不悦。子卒也，摽③使者出诸大门之外，北面稽首再拜④而不受，曰：「今而后知君之犬马畜。」盖自是台⑤无馈也。悦贤不能举，又不能养也，可谓悦贤乎？』

曰：『敢问国君欲养君子，如何斯可谓养矣？』

曰：『以君命将⑥之，再拜稽首而受。其后廪人继粟，庖人继肉，不以君命将之。子思以为鼎肉使己仆仆尔⑦亟拜也，非养君子之道也。尧之于舜也，使其子九男事之，二女女焉，百官牛羊仓廪备，以养舜于畎亩之中，后举而加⑧诸上位，故曰，王公之尊贤者也。』

【注释】

①君之于氓也，固周之：氓，来自他国之民。固，本来。周，周济。

②鼎肉：熟肉。

③摽（biào）：赶出。

④稽首而拜：稽首，古代跪拜礼节，跪下，拱手至地，头也至地。

⑤台：意思当『始』理解。

⑥将：送。

⑦仆仆尔：连续不断。

⑧加：同『居』。

【译文】

万章问道：『士不投靠诸侯生活，这是为什么？』

孟子说：『是不敢这样啊！诸侯失去了自己的国家，尔后投奔他国寄托于人，合乎礼制；士寄托于诸侯，不合礼制。』

万章说：『君子如果馈送粟粒给他，能接受吗？』

孟子说：『可以接受。』

万章问：『接受又是什么道理？』

孟子说：『君主对来自他国之民，本来可以周济他。』

万章问：『周济就接受，赐予就不接受，为什么？』

孟子答：『不敢接受。』

万章问：『请问为什么不敢接受？』

孟子答：『守门打更的人都有固定职务，可受上面的给养。没有固定职务而接受上面的赏赐，被认为不恭敬。』

万章问：『君主馈送，便接受，不知能经常这样吗？』

孟子答：『鲁缪公对子思，屡次问候，屡次送熟肉，子思很不舒服。终于，把使者赶出大门外，向北面叩头作揖而拒绝馈送，说：「我这才领悟君主是把我当狗马豢养。」大概从这次开始才停止馈送。喜爱贤人而不重用，又不能给以优遇，这能叫作喜爱贤者吗？』

万章说：『请问国君要对君子优遇，怎样才能算〔妥善的〕优遇呢？』

孟子答：『先以君主之命馈送他，他作揖叩头而接受。然后管仓人常送粮食，掌者常送肉食，不再用君主之命的名义馈送他。子思认为送块熟肉自己就得没完没了作揖叩拜，不是优遇君子的好办法。尧对于舜，使自己的九个儿子照料他，把两个女儿嫁给他，各种官吏，和牛羊、仓库样样齐备，使舜在田野中受优待，后来又提升他担任很高的职位，因此说，这才是王公敬贤的榜样。』

第七章

【原文】

万章曰：『敢问不见诸侯，何义也？』

孟子曰：『在国曰市井之臣，在野曰草莽之臣，皆谓庶人。庶人不传质①为臣，不敢见于诸侯，礼也。』

万章曰：『庶人，召之役，则往役；君欲见之，召之，则不往见之，何也？』

曰：『往役，义也；往见，不义也。且君之欲见之也，何为也哉？』

曰：『为其多闻也，为其贤也。』

曰：『为其多闻也，则天子不召师，而况诸侯乎？为其贤也，则吾未闻欲见贤而召之也。缪公亟见于子思，曰：「古千乘之国以友士，何如？」子思不悦，曰：『古之人有言曰，事之云乎，岂曰友之云乎？」子思之不悦也，岂不曰，「以位，则子，君也；我，臣也；何敢与君友也？以德，则子事我者也，奚可以与我友？」千乘之君求与之友而不可得也，而况可召与？齐景公田，招虞人②以旌③，不至，将杀之。志士不忘在沟壑，勇士不忘丧其元。孔子奚取焉？取非其招不往也。』

曰：『敢问招虞人何以？』

曰：『以皮冠④，庶人以旃⑤，士以旂，大夫以旌。以大夫之招招虞人，虞人死不敢往；以士之招招庶人，庶人岂敢往哉？况乎以不贤人之招招贤人乎？欲见贤人而不以其道，犹欲其入而闭之门也。夫义，路也；礼，门也。惟君子能由是路，出入是门也。《诗》云，「周道如底⑥，其直知矢；君子所履，小人所视⑦。」』

万章曰：『孔子，君命召，不俟驾而行；然则孔子非与？』

曰：『孔子当仕有官职，而以其官召之也。』

【注释】

①传质：质，同『挚』，见面礼。传质，传道礼物。

②虞人：管理猎场的小官。

③旌（jiēng）：装饰羽毛的旗。

④皮冠：皮帽子，打猎时戴的御寒的帽子，罩在礼冠上边。

⑤旃（zhān）：用帛制的曲柄旗。
⑥底：同『砥』，磨刀石，比喻平坦。
⑦视：效仿、效法、观摩。

【译文】

万章问：『请讲讲不谒见诸侯，有什么道理？』

孟子回答道：『没有官职的人住在城市里叫作市井之臣，住在郊野叫作草莽之臣，指的都是普通百姓。百姓不送见面礼而为臣属，不敢谒见诸侯，这是合乎礼制的。』

万章问：『百姓，召唤他去服役，便去服役；君主想要会见他，召唤他却不去谒见，这是为什么呢？』

孟子回答道：『去服役，这是义务；去谒见，是不应该的。而且君主想要会见他，为的是什么呢？』

万章说：『为的是他见识广博，为的是他品德高尚。』

孟子说：『如果为的是他见识广博，那么天子还不能召唤老师，何况诸侯呢？如果为的是他品德高尚，那么我还没有听说过想要会见贤人却随便召唤的。鲁缪公屡次去会见子思，说：「古代有兵车千辆的国君与士人交朋友，是怎么样的呢？」子思不高兴，说：「古代人的话是讲国君以士人为师，怎么是讲与士人交朋友呢？」子思的不高兴，难道不是这样的意思：「讲地位，你是君主，我是臣子；怎么敢与君主交朋友呢？论道德，你是向我求教的，怎么可以与我交朋友呢？」兵车千辆的国君要求与他交朋友都办不到，更何况是召唤呢？齐景公田猎，用旌旗去召唤管理猎场的人，他不来，将要杀他。有志气的人不怕尸体抛弃在山沟，有勇气的人不怕脑袋被砍掉。孔子为什么肯定这个管理猎场的人呢？就是肯定他面对不是自己应该接受的召唤礼节坚决不去的做法。』

万章问：『请讲讲该用什么礼节来召唤他呢？』

孟子回答道：『用皮帽子。召唤百姓用帛制的曲柄旗，召唤士人用有铃铛的旗，召唤大夫用旌旗。用召唤大夫的旌旗去召唤管理猎场的人，他死也不敢去；用召唤士人的有铃铛的旗去召唤百姓，百姓怎么敢去呢？更何况用召唤不贤的人的礼节去召唤贤人呢？想要会见贤人而不按照规矩，就好像想要人家进来却关闭着大门一样。义好比是大路；礼好比是大门。只有君子能走这条大路，能出入这个大门。《诗经》说：「大路像磨刀石一样平，像箭一样直；君子在路上行走，小人只用眼睛看视。」』

万章又问：『孔子一听说国君召唤的命令，等不及驾好车马就急忙赶路；这样做，孔子错了吗？』

孟子回答道：『这是由于孔子在朝廷担任官职，国君是因为他做官而去召唤他的。』

第八章

【原文】

孟子谓万章曰：『一乡之善士斯友一乡之善士，一国之善士斯友一国之善士，天下之善士斯友天下之善士。以友天下之善士为未足，又尚论古之人①。颂其诗②，读其书，不知其人，可乎？是以论其世也。是尚友也。』

【注释】

①尚：同『上』。

②颂：同「诵」，吟诵。

【译文】

孟子对万章说：「一个乡的善士就结交一个乡的善士，一个国家的善士就结交一个国家的善士，天下的善士就结交天下的善士。认为结交天下的善士还不够，又上溯讨论古时候的人。吟诵他们的诗歌，研读他们的著作，不了解他们的为人，行吗？所以要讨论他们所处的时代。这是上与古人结交。」

第九章

【原文】

齐宣王问卿，孟子曰：「王何卿之问也？」

王曰：「卿不同乎？」

曰：「不同。有贵戚之卿①，有异姓之卿。」

王曰：「请问贵戚之卿。」

曰：「君有大过则谏②，反复之而不听则易位③。」

王勃然乎变色，曰：「王勿疑也。王问臣，臣不敢不以正对。」

王色定，然后问异姓之卿，曰：「君有过则谏，反复之而不听则去。」

【注释】

①贵戚之卿：此与「异姓之卿」对文，当指同姓之卿。所谓同姓，即王室的成员。

②大过：足以亡国的大的过错。

③易位：更立国君。

【译文】

齐宣王询问卿，孟子说：“大王询问什么卿呢？”

宣王说：“卿不一样吗？”

孟子说：“不一样。有属于王室宗族的卿，有与王族不同姓的卿。”

宣王说：“我问属于王室宗族的卿。”

孟子说：“国君有重大过错就劝谏，反复劝谏而不听从就更立国君。”

宣王的神色一下子变了，孟子说：“大王不要诧异。大王问我，我不敢不实言答对。”

宣王的神色安定了，才询问与王族不同姓的卿，孟子说：“国君有重大过错就劝谏，反复劝谏而不听从就离去。”

告子上

第一章

【原文】

告子曰：“性，犹杞柳①也，义，犹桮②也；以人性为仁义，犹以杞柳为桮。”

孟子曰：『子能顺杞柳之性而以为杯乎？将戕贼③杞柳而后以为杯也？如将戕贼杞柳而以为杯，则亦将戕贼人以为仁义与？率天下之人而祸仁义者，必子之言夫！』

【注释】

①杞（qǐ）柳：一种树木，可以制作杯盘等。

②杯（bēi）：木制的饭器。

③戕（qiāng）贼：损害。

【译文】

告子说：『人性就像杞柳树，义理就像杯盘。用人性实行仁义，就像用杞柳树制成杯盘。』

孟子说：『您能够顺着杞柳树的本性制成杯盘吗？还是要毁伤杞柳树的本性来制成杯盘呢？如果要毁伤杞柳树的本性才能制成杯盘，那是不是也要毁伤人的本性才能实行仁义呢？引导天下的人来损害仁义的，一定是您的这番言论啊！』

第二章

【原文】

告子曰：『性犹湍①水也，决诸东方则东流，决诸西方则西流。水性之无分于善不善也，犹水之无分于东西也。』

孟子曰：『水信②无分于东西，无分于上下乎？人性之善也，犹水之就下也。人无有不善，水无有不下。

今夫水，搏而跃之，可使过颡③；激而行之，可使在山。是岂水之性哉？其势则然也。人之可使为不善，其性亦犹是也。』

【注释】

①湍（tuān）：流水很急。

②信：诚、实、真的。

③颡（sǎng）：额，脑门子。

【译文】

告子说：『人性就像湍急的流水，从东方决开就向东流，从西方决开就向西流。人性本不分善与不善，就像水并不固定向东流向西流一样。』

孟子说：『水确实不固定向东流向西流，但它难道没有向上或向下的趋向吗？人向善的本性，就像水向下流的趋向一样。人没有不向善的，水没有不向下的。现在就说水吧，拍打它可以溅得很高，高过额头；用戽斗汲它，可以引上高山。这难道是水的本性吗？是情势使它这样的。人也可以受影响干坏事，他的本性改变了，和这是同样的道理。』

第三章

【原文】

告子曰：『生之谓性①。』

孟子曰：『生之谓性也，犹白之谓白与？』

曰：『然。』

『白羽之白也，犹白雪之白；白雪之白犹白玉之白与？』

曰：『然。』

『然则犬之性犹牛之性，牛之性犹人之性与？』

【注释】

①生之谓性：『生』和『性』字是同源字，意义上有联系。

【译文】

告子说：『天生的本来状态叫作性。』

孟子说：『天生的本来状态叫作性，就好比白色的物品叫作白吗？』

告子说：『是的。』

孟子说：『白羽毛的白，就像白雪的白；白雪的白就像白玉的白吗？』

告子说：『是的。』

孟子说：『那么狗的本性和牛的本性一样，牛的本性与人的本性一样吗？』

第四章

【原文】

告子曰：『食色，性也。仁，内也，非外也；义，外也，非内也。』

孟子曰：『何以谓仁内义外也？』

曰：『彼长而我长之，非有长于我也；犹彼白而我白之，从其白于外也，故谓之外也。』

曰：『异于[1]白马之白也，无以异于白人之白也；不识长马之长也，无以异于长人之长也？且谓长者义乎？长之者义乎？』[2]

曰：『吾弟则爱之，秦人之弟则不爱也，是以我为悦者也，故谓之内。长楚人之长，亦长吾之长，是以长为悦者也。故谓之外也。』

曰：『耆[3]秦人之炙，无以异于耆吾炙，夫物亦有然者也，然则耆炙亦有外与？』

【注释】

①异于：当属衍文。

②长者义乎，长之者义乎：尊敬之心在年长的人，还是在于尊敬他人的人。

③耆：同『嗜』，喜欢。

【译文】

告子说：『饮食、男女关系，是人的本性。仁是内在的，不是外在的；义是外在的，不是内在的。』

孟子说：『为什么说仁是内在的，义是外在的呢？』

告子说：『他人年长所以我才尊敬他，不是因为我心中有尊敬之情；就好比白色的物品我认为它是白，是根据它外面的白色一样，所以说义是外在的。』

孟子说：『白马的白色，与白人的白色没有不同；不懂爱惜老马，与不懂敬重长者也没有什么不同吗？而且你说尊敬之心在于长者呢，还是在于尊敬他的人呢？』

告子说：『我的弟弟我就喜欢，秦人的弟弟就不喜欢，因为我的内心有我是否喜欢的标准，所以仁是内在的；尊敬楚国人的长者，也尊敬我的长者，因为年纪大是尊敬的标准，所以说义是外在的。』

孟子说：『喜欢秦国的烤肉，与喜欢自己的烤肉没有不同，事物都有类似的情形，难道说喜欢烤肉的心理也是外在的吗？』

第五章

【原文】

孟季子问公都子曰：『何以谓义内也？』

曰：『行吾敬，故谓之内也。』

『乡人长于伯兄一岁，则谁敬？』

曰：『敬兄。』

『酌则谁先？』

曰：『先酌乡人。』

「所敬在此，所长在彼，果在外，非由内也。」

公都子不能答，以告孟子。

孟子曰：「敬叔父乎？敬弟乎？彼将曰敬叔父。曰：「弟为尸①，则谁敬？」彼将曰敬弟。子曰：「恶在其敬叔父也？」彼将曰在位故也。子亦曰：「在位故也。庸敬在兄，斯须之敬在乡人。」」

季子闻之，曰：「敬叔父则敬，敬弟则敬，果在外，非由内也。」

公都子曰：「冬日则饮汤，夏日则饮水，然则饮食亦在外也？」

【注释】

①尸：古代祭祀，不用牌位，更无画像，而以亲属中的晚辈、年纪小的人代表死者受祭，叫「尸」。

【译文】

孟季子问公都子：「为什么说义是内在的东西呢？」

公都子答道：「表达我内心的敬意，所以说是内在的东西。」

孟季子又问：「同乡的人比大哥大一岁，那么尊敬谁呢？」

公都子说：「尊敬哥哥。」

「如果在一块儿饮酒，先给谁斟酒？」

公都子说：「先给本乡长者斟酒。」

「你心中尊敬的是大哥，却向本乡长者斟酒，可见义毕竟是外在的东西，不是从内心发出的。」

公都子回答不了，便来告诉孟子。

孟子说：『你可以问，「敬叔父还是敬弟弟呢？」他会说敬叔父，便问「弟弟若做了受祭的代理人，那又敬谁呢？」他会说敬弟弟，你便问「那为什么又说敬叔父呢？」他会说，「是弟弟处在祭祀代理人这受敬的地位。」那你也就说，「这也是由于本乡长者所处地位的缘故。平常该敬哥哥，那一刻该敬本乡长者。」』

季子听了这话，又说：『该敬叔叔时敬叔叔，该敬弟弟时敬弟弟，可见义毕竟是外在的，不是从内心发出。』

公都子说：『冬天喝热水，夏天喝凉水，这么说来饮食也不是出于人的本性，而是外在原因决定的了。』

第六章

【原文】

公都子曰：『告子曰：「性无善无不善也。」或曰：「性可以为善，可以为不善，是故文、武兴，则民好善；幽、厉兴则民好暴。」或曰：「有性善，有性不善，是故以尧为君而有象；以瞽瞍为父而有舜；以纣为兄之子，且以为君，而有微子启、王子比干。」今曰性善，然则彼皆非与？』

孟子曰：『乃若[①]其情，则可以为善矣，乃所谓善也。若夫为不善，非才[②]之罪也。恻隐之心，人皆有之；羞恶之心，人皆有之；恭敬之心，人皆有之；是非之心，人皆有之。恻隐之心，仁也；羞恶之心，义也；恭敬之心，礼也；是非之心，智也。仁义礼智，非由外铄[③]我也，我固有之也，弗思耳矣。故曰：「求则得之，舍则失之。」或相倍蓰而无算者，不能尽其才者也。《诗》曰：「天生民，有物有则。民之秉彝，好是懿德[④]。」孔子曰：「为此诗者，其知道乎！故有物必有则；民之秉彝也，故好是懿德。」』

【注释】

①乃若：发语词，这里表示转折的语气，相当于『至于』。

②情、才：都指的是人的质性。

③铄：谓自外而加的美饰。

④《诗》曰：此处诗句引自《诗·大雅·民》，这是首赞美周宣王的诗歌。

【译文】

公都子说：『告子讲，「本性没有善没有不善」，有人说，「本性可以使它善良，也可以使它不善良。所以，周文王、周武王在位，百姓便变得善良；周幽王、厉王在位，百姓便都变得横暴。」也有人说，「有些人本性善良，有些人本性不善良。所以以尧这样的圣人为君，却有像这样的坏蛋。以瞽瞍这样坏的父亲，却有舜这样的好儿子。以纣这样恶的侄儿、这样恶的君王，却有微子启、王子比干这样的仁人」。如今老师说人的本性都善良，难道他们都错了吗？』

孟子说：『从天生的资质看，可以使他善良，这便是我说的人性善。至于有些人不善良，不能归罪于他的资质。同情之心每个人都有，羞耻之心每个人都有；恭敬之心每个人都有；是非之心每个人都有。同情心属于仁，羞耻心属于义，恭敬心属于礼，是非心属于智。这仁、义、礼、智，不是外加的，是我们本来就具有的，不过没有意识到罢了。所以说，「只要求索就可以得到它，随意放弃就会失掉它。」人之间有相差一倍、五倍甚至无数倍的，就是因为不能充分发挥自己善良的资质而已。《诗经》说，「上天生育众民，事物都有规律。百姓把握规律，就喜爱优良品质。」孔子说：「这篇诗的作者真懂得大道啊！凡有事物，便有它的规律，百姓把握了这些规律，所以喜爱优良的品德。』」

第七章

【原文】

孟子曰：『富岁，子弟多赖①；凶岁，子弟多暴。非天之降才尔殊也，其所以陷溺其心者然也。今夫麰麦②，播种而耰③之，其地同，树之时又同，然而生，至于日至④之时，皆熟矣。虽有不同，则地有肥硗⑤，雨露之养、人事之不齐也。故凡同类者，举相似也，何独至于人而疑之？圣人，与我同类者。故龙子曰：「不知足而为屦，我知其不为蒉⑥也。」屦之相似，天下之足同也。口之于味，有同耆也，易牙⑦先得我口之所耆者也。如使口之于味也，其性于人殊，若犬、马之与我不同类也，则天下何耆皆从易牙之于味也？至于味，天下期于易牙，是天下之口相似也。惟耳亦然。至于声，天下期于师旷，是天下之耳相似也。惟⑧目亦然。至于子都⑨，天下莫不知其姣也。不知子都之姣者，无目者也。故曰，口之于味也，有同耆焉；耳之于声也，有同听焉；目之于色也，有同美焉。至于心，独无所同然乎？心之所同然者何也？谓理也，义也。圣人先得我心之所同然耳。故理义之悦我心，犹刍豢之悦我口。』

【注释】

①赖：即『懒』，懒惰的意思。

②麰（móu）麦：大麦。

③耰（yōu）：一种古代的农具。此处用作动词。

④日至：夏至。

⑤硗：土地贫瘠。

⑥蒉（kuì）：草筐。

⑦易牙：人名，名巫，字易牙，齐桓公的宠臣。

⑧惟：发语词，无义。

⑨子都：古代的美人。刍豢：草食曰刍，牛羊是也；谷食曰豢，犬豕是也。此处泛指家畜。

【译文】

孟子说：『丰收年成，年轻人多半懒惰；灾荒年成，年轻人多半强暴。这不是天生的资质如此不同，而是由于外界的环境改变他们心情的缘故。以大麦而言，播了种，除了草，如果土地相同，种植的时间相同，便会蓬勃生长，到了夏至都会成熟。纵有所不同，那是由于土地肥瘠不同，雨水多少不同，人的勤惰不同而造成的。所以，凡是同类之物，都大体相同，为什么一说到人类就怀疑了呢？圣人与我们是同类的人。龙子说过：「不知道脚有多大去编草鞋，也决不会编成筐子。」草鞋的相似，是因为各人的脚大致一样。口对于味道，有相同的嗜好，易牙早就了解了口味的嗜好。假如口对于味道，人人不同，就像狗、马与我们人类不相同一样，那么，为什么天下人都追随易牙的口味呢？讲到口味，天下人都期望做到易牙那样，这说明天下人的味觉大体相同。耳朵也是如此。讲到声音，天下人都期望做到师旷那样，这说明天下人的听觉大体相同。眼睛也是如此。一讲到子都，天下没有人不知道他的美丽。不认为子都美丽的人，都是没有眼睛的人。所以说，口对于味道，有相同的嗜好；耳朵对于声音，有相同的听觉；眼睛对于容色，有相同的美感。说到心，难道就没有相同之处吗？心的相同之处是什么呢？是理，是义。圣人早就懂得我们内心的相同之处。所以，理义，使我内心高兴欢快，正像口味喜欢猪狗牛羊肉一样。」

第八章

【原文】

孟子曰：『牛山之木尝美矣①，以其郊于大国也②，斧斤伐之，可以为美乎？是其日夜之所息，雨露之所润，非无萌蘖之生焉，牛羊又从而牧之③，是以若彼濯濯也④。人见其濯濯也，以为未尝有材焉，此岂山之性也哉？虽存乎人者，岂无仁义之心哉？其所以放其良心者，亦犹斧斤之于木也。旦旦而伐之，可以为美乎？其日夜之所息，平旦之气，其好恶与人相近也者几希，则其旦昼之所为⑤，有梏亡之矣⑥。梏之反复，则其夜气不足以存；夜气不足以存，则其违禽兽不远矣。人见其禽兽也，而以为未尝有才焉者，是岂人之情也哉？故苟得其养，无物不长；苟失其养，无物不消。孔子曰：「操则存，舍则亡；出入无时，莫知其乡⑦。」惟心之谓与？』

【注释】

①牛山：位于齐国国都临淄之南。

②以其郊于大国也：郊，此作动词用，谓『居其郊』也。大国，谓临淄，当时大都市之一。

③牛羊又从而牧之：此句为『又从而牧牛羊焉（之）』的变式，用以强调『牛羊』二字。

④濯濯：犹『童童』，今写作『秃』，山无草木之貌。

⑤旦昼：明天。

⑥有梏亡之矣：有，同『又』。梏，同『牿』（gù），圈禁也。

⑦乡：通『向』。

【译文】

孟子说：『牛山的树木曾经是很茂盛的，因为它长在大都市的郊外，老用斧子去砍伐，还能够茂盛吗？当然，它日日夜夜在生长着，雨水露珠在滋润着，不是没有新条嫩芽生长出来，但紧跟着就放羊牧牛，所以变成那样光秃秃了。人们看见那光秃秃的样子，便以为这山不曾有过大树木，这难道是山的本性吗？在某些人身上，难道没有仁义之心吗？他之所以丧失他的良心，也正像斧子的对于树木一般，天天去砍伐它，能够茂盛吗？他在白天黑夜里发出来的善心，他在天刚亮时呼吸到的清明之气，那时节他心里的好恶跟一般人相近的，也有一点点。可是一到第二天白昼，他的所作所为又把它消灭了。反复地消灭，那么，他夜里产生出的善念自然不能存在；夜里产生出的善念不能存在，便和禽兽差不离了。别人看到他简直是禽兽，便以为他不曾有过善良的本质。这难道也是这些人的本性吗？所以，如果得到滋养，没有东西不生长；失掉滋养，没有东西不消亡。孔子说过，「抓住它，就存在；放弃它，就亡失；出出进进没有一定时候，也不知道它何去何从。」这是指人心而说的吧。』

第九章

【原文】

孟子曰："无或乎王之不智也①。虽有天下易生之物也，一日暴之，十日寒之，未有能生者也。吾见亦罕矣，吾退而寒之者至矣，吾如有萌焉何哉？今夫弈之为数②，小数也；不专心致志，则不得也。弈秋，通国之善弈者也。使弈秋诲二人弈，其一人专心致志，惟弈秋之为听。一人虽听之，一心以为有鸿鹄将至③，思援弓缴而射之④，虽与之俱学，弗若之矣。为是其智弗若与？曰：非然也。"

【注释】

①或：同"惑"，怪也。

②弈之为数：弈，围棋也。数，技也。

③鸿鹄：天鹅。

④缴：音zhuó，生丝缕也。用以系在箭上，因称系着丝线的箭为缴。

【译文】

孟子说："王的不明智，不足奇怪。纵使有一种最容易生长的植物，晒它一天，冷它十天，没有能够再长的。我和王相见的次数也太少了，我退居在家，把他冷淡得也到了极点了，我对于他善良之心的萌芽能有什么帮助呢？譬如下棋，这只是小技艺，但如果不一心一意，也就学不好。弈秋是全国的下棋圣手。假使让他教导两个人，一个人一心一意，只听弈秋的话；另一个呢，虽然听着，而心里却以为有只天鹅快要飞来，想拿起弓箭去射它。这样，纵使和那人一道学习，成绩一定不如人家。是因为他的才智不如人家吗？

不是这样的。』

第十章

【原文】

孟子曰：『鱼，我所欲也，熊掌，亦我所欲也；二者不可得兼，舍鱼而取熊掌者也。生，亦我所欲也，义，亦我所欲也；二者不可得兼，舍生而取义者也。生亦我所欲，所欲有甚于生者，故不为苟得也；死亦我所恶，所恶有甚于死者，故患有所不辟也。如使人之所欲莫甚于生[1]，则凡可以得生者，何不用也？使人之所恶莫甚于死者，则凡可以辟患者，何不为也？由是则生而有不用也，由是则可以辟患而有不为也，是故所欲有甚于生者，所恶有甚于死者。非独贤者有是心也，人皆有之，贤者能勿丧耳。一箪食，一豆羹[2]，得之则生，弗得则死，尔而与之，行道之人弗受[3]；蹴尔而与之，乞人不屑也。万锺则不辩礼义而受之[4]，万钟于我何加焉？为宫室之美、妻妾之奉、所识穷乏者得我与[5]？乡为身死而不受，今为宫室之美为之；乡为身死而不受，今为妻妾之奉为之；乡为身死而不受，今为所识穷乏者得我而为之，是亦不可以已乎？此之谓失其本心。』

【注释】

①如使人之所欲莫甚于生：从上下文有关句子的结构形式看来，这一句后面可能漏一『者』字。

②豆：古代用来盛羹汤或肉食的器皿。

③尔而与之，行道之人弗受：尔，呵斥声。

④辩，同辨。

⑤得：与『德』通。

【译文】

孟子说：『鱼，是我想要的东西，熊掌，也是我想要的东西，要是两样东西不能同时要到，我就宁愿不要鱼而要熊掌。生命是我所珍爱的，义也是我所珍爱的；要是两者不能同时并得，我就宁愿牺牲生命而取得义。生命也是我所珍爱的，但所珍爱的东西有的超过了生命，所以就不能干苟且偷生的勾当；死也是我所厌恶的，但所厌恶的东西有的超过了死，所以对于有的祸灾不能（做无原则的）逃避。如果使人们所珍爱的东西没有超过生命的，那就凡是可以保存生命的手段，哪样不会用上呢？如果使人们所厌恶的东西、没有超过死的，那就凡是可以逃避祸灾的事情，哪种不会做呢？通过这样的手段就可以保存生命，可是有的人却不采用；只要这样做就可以逃避祸灾，可是有的人却不干，所以，（这样看来，）人们所喜爱的东西有超过生命的，所厌恶的东西有超过死的。不单是贤德的人有这种心，人们都有，不过贤德的人不会丧失它罢了。一小筐饭，一小碗汤，得到它就可以活，得不到它就可能要死，可是（用轻蔑的态度）呵斥着施舍给别人，哪怕是（饿着肚皮的）过路人也不会接受；用脚踢着施舍给别人，那就连叫花子也不屑要。可现在有的人竟对万钟的俸禄却不问是否合乎礼义便接受它。究竟万钟对于我能增加些什么呢？是为了住宅的豪华、妻妾的侍奉和所熟识的穷朋友（因获得周济）而对我感恩戴德吗？过去为了不蒙耻受辱宁愿身死也不愿接受，今天却为着要住上豪华的住宅而甘心这样做；过去为了不蒙耻受辱宁愿身死也不愿接受，今天却为着要使所熟识的穷朋友（因获得周济）对自己感恩戴德而甘心这样做，这些事难道不也是可以罢手的吗？这就叫作迷失了他的本性。』

第十一章

【原文】

孟子曰：『仁，人心也；义，人路也。舍其路而弗由，放其心而不知求，哀哉！人有鸡犬放，则知求之；有放心而不知求。学问之道无他，求其放心而已矣。』

【译文】

孟子说：『仁是人的心，义是人的路。舍弃了义的正路而不走，丧失了善良的本心而不知道去寻找，真是可悲呀！人的鸡和狗走失了，也知道去寻找；而善良之心丧失了，却不懂得去寻找。学问之道没有别的，就是把那丧失的善良之心寻找回来罢了。』

第十二章

【原文】

孟子曰：『今有无名之指屈而不信①，非疾痛害事也；如有能信之者，则不远秦、楚之路，为指之不若人也。指不若人，则知恶之；心不若人，则不知恶。此之谓不知类②也。』

【注释】

①信：同『伸』。

②不知类：根据朱熹注解，指『言不知轻重之等』。

【译文】

孟子说：『现在有一个人的无名指弯曲而不能伸直，并不是疾病痛苦、妨碍工作的大毛病；但如果有人能使它伸直，就是走到秦国、楚国去治疗，也不以为远，只因为无名指比不上他人的缘故。手指不如别人，就知道厌恶；心性不如别人，却不知厌恶。这就叫不懂得轻重。』

第十三章

【原文】

孟子曰：『拱把①之桐、梓，人苟欲生之，皆知所以养之者。至于身，而不知所以养之者，岂爱身不若桐、梓哉？弗思②甚也。』

【注释】

①拱把：指树木的粗细。拱，两手合围。把，一手合围。意即不粗的小树。

②弗思：『思』与『弗思』都是孟子使用的专门概念，直译为『不思考』。

【译文】

孟子说：『一两把粗的小桐树和梓树，人们如果要它生长，都懂得应该如何去培养。至于自身，却不知道如何去培养，难道爱自己还比不上爱桐树、梓树吗？「不思想」真是到了严重的程度！』

第十四章

【原文】

孟子曰："人之于身也，兼所爱。兼所爱，则兼所养也。无尺寸之肤不爱焉，则无尺寸之肤不养也。所以考其善不善者，岂有他哉？于己取之而已矣。体有贵贱，有小大。无以小害大，无以贱害贵①。养其小者为小人，养其大者为大人。今有场师，舍其梧槚②，养其樲棘③，则为贱场师焉。养其一指而失其肩背，而不知也，则为狼疾④人也。饮食之人，则人贱之矣，为其养小以失大也。饮食之人无有失也，则口腹岂适⑤为尺寸之肤哉？"

【注释】

①贵、贱、小、大：朱熹注："贱而小者，口腹也；贵而大者，心志也。"

②梧槚：梧，梧桐。槚，即楸树。二者皆为好木料。

③樲棘：樲，酸枣。棘，荆棘。

④狼疾：同"狼藉"，昏乱，糊涂。

⑤适：通"啻"，仅仅，不过。

【译文】

孟子说："人对于自己的身体，每一部分都爱护。都爱护便都保养。没有一尺一寸的肌肤不爱护，便没有一尺一寸的肌肤不保养。考察一个人善与不善，难道有别的方法吗？就看他自己注重什么而已。就人的身体而言，有贵贱之分，也有大小之分。不要因小而损害大，不要因贱而损害贵。保养小的方面的人是小人，保养大的方面的人是君子，假若现在有一位园艺师，舍弃梧桐、槚棘树，而去护养酸枣、荆棘，那就是一个低能的园艺师。假若有人只护养他的一根手指而丧失了肩膀、脊背，自己却意识不到，那便是个糊涂的庸人。只讲究吃喝的人，受到人们的轻视，是因为他保养了小的方面，而丧失了大的方面。讲究吃喝而又不失掉重要方面的人，那么他的吃喝仅仅是为了满足一尺一寸的肌肤之养吗？』

第十五章

【原文】

公都子问曰：『钧[1]是人也，或为大人，或为小人，何也？』

孟子曰：『从其大体为大人，从其小体为小人。』

曰：『钧是人也，或从其大体，或从其小体，何也？』

曰：『耳目之官不思，而蔽由物。物交物，则引之而已矣。心之官则思，思则得之，不思则不得也。此[2]天之所与我者。先立乎其大者，则其小者不能夺也。此为大人而已矣。』

【注释】

①钧：同『均』。均等，同样。

②此：这。

【译文】

公都子问道：『同样是人，有人高尚，有人卑劣，这是为什么？』

孟子说：『满足重要器官需要的是高尚者，满足次要器官需要的是卑劣者。』

公都子又问：『同样是人，有人满足重要器官的需要，有人满足次要器官的需要，这又是为什么？』

孟子答道：『耳朵、眼睛一类器官不会思考，常被事物蒙蔽。此物一接触外物，就全被勾引迷惑罢了。心这个器官专管思考，思考便能有所收获，不思考便一无所获。这是大自然赋予我们的器官，先发挥这重要器官的作用，那么次要器官就不能喧宾夺主占上风。这样，便可成为高尚的人。』

第十六章

【原文】

孟子曰：『有天爵者，有人爵者。仁义忠信，乐善不倦，此天爵也；公卿大夫，此人爵也。古之人修其天爵，而人爵从之。今之人修其天爵，以要人爵；既得人爵，而弃其天爵，则惑之甚者也，终亦必亡而已矣。』

【译文】

孟子说：『有天然的爵位等级，也有社会的爵位等级。仁、义、忠、信，乐于行善而不疲倦，这是天然的等级；公卿大夫，这是社会的爵位等级。古代的人着重修养那天然的等级，而社会的等级也会紧跟而来。现在的人修养那天然等级，用来追求社会等级，一旦得到了社会等级，竟抛弃天然等级，那就是糊涂到了极点，结果将必然会把一切葬送掉。』

第十七章

【原文】

孟子曰：『欲贵者，人之同心也。人人有贵于己者，弗思耳矣。人之所贵者，非良贵也。赵孟①之所贵，赵孟能贱之。诗云：「既醉以酒，既饱以德②。」言饱乎仁义也，所以不愿③人之膏粱之味也；令闻广誉施于身，所以不愿人之文绣④也。』

【注释】

①赵孟：晋国正卿赵盾，字孟。赵衰之子。

②既醉以酒，既饱以德：是《诗经·大雅·既醉篇》第一章（全篇共八章）中的开头两句。

③愿：羡慕。

④文绣：古代具有爵位等级的人所穿的有文绣之服。

【译文】

孟子说：『盼望尊贵，是人们的共同心愿。每个人都有自己的可贵之处，只是不善于思索罢了。别人所授予的尊贵，不是真正的尊贵。赵孟所尊贵的，赵孟亦能使他卑贱。《诗经》中说：「美酒已经陶醉，道德已经俱备。」是说已足够仁义的品德，也就不羡慕别人有肥肉细粱的美味。众所称誉的名望已到达自己身上，也就不羡慕别人那一身高贵的锦衣绣裳了。』

第十八章

【原文】

孟子曰："仁之胜不仁也，犹水胜火。今之为仁者，犹以一杯水救一车薪之火也；不熄，则谓之水不胜火，此又与①于不仁之甚者也，亦终必亡而已矣。"

【注释】

①与：同"助"，助长。

【译文】

孟子说："仁能战胜不仁，就像水能战胜火一样。现在行仁的人，就像用一杯水来扑灭一车柴草的烈火；火扑不灭，便说水不能战胜火，这就更加助长了那些不仁的人。结果所行的一点点小仁也必然消灭。"

第十九章

【原文】

孟子曰："五谷者，种之美者也；苟为不熟，不如荑稗①。夫仁，亦在乎熟之而已矣。"

【注释】

①荑稗（tí bài）：荑，稗类的草。稗，稗子，低产谷物。

【译文】

孟子说："五谷是庄稼中的好品种，假如不成熟，还不如米和稗子。仁，也要讲究成熟。"

第二十章

【原文】

孟子曰：『羿之教人射，必志于彀①；学者亦必志于彀。大匠诲②人必以规矩，学者亦必以规矩。』

【注释】

①彀（gòu）：弓满。

②诲（huì）：教导、教授。

【译文】

孟子说：『羿教人射箭，一定要求拉满弓；学习的人也必定努力拉满弓。高明的木工师傅教导人，一定依循规矩，学习的人也一定要遵照规矩。』

告子下

第一章

【原文】

任人有问屋庐子①曰：『礼与食孰重？』

曰：『礼重。』

『色与礼孰重？』

曰：『礼重。』

曰：『以礼食，则饥而死；不以礼食，则得食，必以礼乎？亲迎，则不得妻；不亲迎，则得妻，必亲迎乎？』

屋庐子不能对，明日之邹，以告孟子。

孟子曰『於答是也何有？不揣其本，而齐其末，方寸之木可使高于岑楼。金重于羽者，岂谓一钩金与一舆羽之谓哉？取食之重者与礼之轻者而比之，奚翅食重？取色之重者与礼之轻者而比之，奚翅色重？往应之曰：「紾[2]兄之臂而夺之食，则得食；不，则不得食，则将之乎？逾东家墙而搂其处子，则得妻；不搂，则不得妻，则将搂之乎？」』

【注释】

①任：周初诸侯国名，故地在今山东济宁市境内。屋庐子：名连，孟子的学生。

②紾（zhěn）：扭转。

【译文】

有个任国人问屋庐子说：『礼仪与饮食哪个更重要？』

屋庐子说：『礼仪重要。』

这个任人说：『性欲与礼仪哪个重要？』

屋庐子说：『礼仪重要。』

这个任人说：『要是按照礼节去找食物，就得饿死；不按照礼节去找食物，就能得到食物，是否一定要按照礼节行事呢？要按礼迎亲就娶不到妻子，不按礼迎亲就能娶到妻子，是否一定得按礼迎亲呢？』

屋庐子不能回答，第二天到邹国去把这事告诉了孟子。

孟子听了说：『回答这个问题有什么难呢？不度量根基而只去比较末端，寸把厚的木板搁在高处，可以使之高过尖顶高楼。我们说金子比羽毛更重，难道是说一个小金带钩的重量比一大车羽毛还要重吗？拿关系重大的饮食问题与礼仪的无足轻重的细枝末节去相比，岂止是饮食的问题重要吗？选取性欲的重要处与礼仪的轻微处相比较，岂止是性欲重要？你去回答他：「扭伤兄长的胳膊抢夺他的食物，就可得到吃的；不扭伤没吃的，那你会去扭伤他的胳膊吗？翻越东边邻居的墙头去搂抱他家的姑娘，就可以得到妻子；不搂抱，就得不到妻子，那你会去搂抱她吗？」』

第二章

【原文】

曹交[①]问周曰：『人皆可以为尧舜，有诸？』

孟子曰：『然。』

『交闻文王十尺，汤九尺，今交九尺四寸以长，食粟而已，如何则可？』

曰：『奚有于是？亦为之而已矣。有人于此，力不能胜一匹雏，则为无力人矣；今曰举百钧，则为有力人矣。然则举乌获[②]之任，是亦为乌获而已矣。夫人岂以不胜为患哉？弗为耳。徐行后长者谓之弟，疾行先长者谓之不弟。夫徐行者，岂人所不能哉？所不为也。尧舜之道，孝弟而已矣。子服尧之服，诵尧之言，行尧之行，是尧而已矣。子服桀之服，诵桀之言，行桀之行，是桀而已矣。』

曰：『交得见于邹君，可以假馆，愿留而受业于门。』

曰：『夫道若大路然，岂难知哉？人病不求耳。子归而求之，有余师！』

【注释】

①曹交：春秋时曹国君王的后代。

②乌获：古时候著名的大力士。

【译文】

曹交问道：『人人都可以成为尧舜，有这样的话吗？』

孟子说：『是的。』

曹交说：『我听说周文王身高十尺，成汤王身高九尺，如今我曹交身高九尺四寸多，每天只是吃饭罢了，要怎样才能成为尧舜呢？』

孟子说：『这有什么关系呢？只要去做就行了。这里有个人，自以为力不能提一只小鸡娃，那就是没有力气的人了；如今他说力气举得起三千斤，那就是有力气的人了。那么，要是能举得起乌获胜任的重量，这也就是乌获了。人所最怕的难道是在不能胜任吗？只是怕在不去做啊。缓慢地走在长者之后叫作悌，飞快地走在长者之前叫作不悌。缓慢地走，难道人们不能做吗？是不去做啊。尧舜之道，也只是孝悌而已。你穿尧的衣服，说尧的话，做尧做的事，就是尧了；你穿桀的衣服，说桀的话，做桀做的事，就是桀了。』

曹交说：『我能进见邹君，可以借到一所客馆，愿意留下来在您门下学习。』

孟子说：『圣人之道就像大路一样，难道是很难了解的吗？就怕人们不去寻求啊，能当老师的人多着呢。』

第三章

【原文】

公孙丑问曰：『高子曰[1]，《小弁》小人之诗也[2]。』

孟子曰：『何以言之？』

曰：『怨。』

曰：『固哉[3]，高叟之为《诗》也。有人于此，越人关弓而射之[4]，则己谈笑而道之，无他，疏之也；其兄关弓而射之，则己垂涕泣而道之，无他，戚之也[5]。《小弁》之怨，亲亲也。亲亲，仁也。固矣夫！高叟之为《诗》也。』

曰：『《凯风》何以不怨[6]？』

曰：『《凯风》，亲之过小者也；《小弁》，亲之过大者也。亲之过大而不怨，是愈疏也；亲之过小而怨，是不可矶也[7]。愈疏不孝也，不可矶亦不孝也。孔子曰：「舜其至孝矣，五十而慕。」』

【注释】

①高子：孟子下文称其为『高叟』，可见其年长于孟子。

②《小弁》（pán）：《诗·小雅》中的诗篇名。

③固：犹言呆板。

④关弓：关与弯同，指弯弓。
⑤戚：亲密。
⑥《凯风》：《诗·邶风》中的诗篇。
⑦不可矶：不该愤怒。

【译文】

公孙丑问道：『高子说，《小弁》是小人所作的诗篇。』

孟子说：『为什么这样说呢？』

公孙丑说：『因为这首诗怨恨。』

孟子说：『真呆板啊，高老先生如此理解《诗》。有个人，越国人拉弓去射他，就谈笑着讲述这事，这没有别的原因，因为关系疏远；他的兄长拉弓去射他，就哭泣着讲述这事，这没有别的原因，因为关系亲密。《小弁》的怨恨，是亲近亲人。亲近亲人是仁。真呆板啊！高老先生如此理解《诗》。』

公孙丑说：『《凯风》为什么不怨恨呢？』

孟子说：『《凯风》是由于亲人的过错小，《小弁》是由于亲人的过错大。父母亲的过错大却不怨，是愈加疏远他们；父母亲的过错小却怨恨，是不应该的激怒。愈加疏远他们是不孝，不应该的激怒也是不孝。

孔子说：「舜该是最孝了吧，五十岁还慕恋父母。」』

第四章

【原文】

宋牼[①]将之楚，孟子遇于石丘[②]，曰：『先生将何之？』

曰：『吾闻秦楚构兵[③]，我将见楚王说而罢之。楚王不悦，我将见秦王说而罢之。二王我将有所遇焉。』

曰：『轲也请无问其详，愿闻其指。说之将何如？』

曰：『我将言其不利也。』

曰：『先生之志则大矣，先生之号[④]则不可。先生以利说秦楚之王，秦楚之王悦于利，以罢[⑤]三军之师，是三军之士乐罢而悦于利也。为人臣者怀[⑥]利以事其君，为人子者怀利以事其父，为人弟者怀利以事其兄，是君臣、父子、兄弟终去仁义，怀利以相接，然而不亡者，未之有也。先生以仁义说秦楚之王，秦楚之王悦于仁义，而罢三军之师，是三军之士乐罢而悦于仁义也。为人臣者怀仁义以事其君，为人子者怀仁义以事其父，为人弟者怀仁义以事其兄，是君臣、父子、兄弟去利，怀仁义以相接也，然而不王者，未之有也。何必曰利？』

【注释】

①宋牼（kēng）：人名，战国时期的著名学者。

②石丘：地名，河南旧卫辉府。

③构兵：交战、打仗。

④号：观点、看法、提法。

⑤罢：罢兵、停战。

⑥怀：怀着、抱着。

【译文】

宋准备到楚国去，和孟子在石丘相遇。孟子问道：『先生要到哪里去？』

回答道：『我听说秦楚两国交战，我打算去谒见楚王，劝说他停战。如果楚王不乐意的话，我还打算去谒见秦王，劝说他停战。在两国国王当中，我总会找到意见相合者。』

问道：『我孟轲不想了解详情，只想请问一下大意，你将怎样劝说呢？』

回答道：『我打算说明交战不利。』

孟子说：『先生的志向倒是远大，先生的提法却不行。先生用利劝说秦王楚王，秦王楚王便喜欢利，于是撤退三军，这样使三军将士乐于撤兵而贪利。做臣属的唯利是图来服侍君王，做儿子的唯利是图来服侍父亲，做弟弟的唯利是图来服侍兄长，这样君臣之间、父子之间、兄弟之间就会完全丧失仁义，相互之间都唯利是图，如此而国家不灭亡，是不可能的。先生如果用仁义劝说秦王楚王，秦王楚王便喜欢仁义，于是撤退三军，这样使三军将士乐于撤兵而喜欢仁义。做臣属的以仁义为怀服侍君王，做儿子的以仁义为怀以服侍父亲，做弟弟的以仁义为怀服侍兄长，这样君臣之间、父子之间、兄弟之间就会抛开私利，相互关系都以仁义为念。如此而国家不强盛，是不可能的。为什么要讲利呢？』

第五章

【原文】

孟子居邹，季任为任处守①，以币交②，受之而不报。处于平陆③，储子为相，以币交，受之而不报。他日，由邹之任，见季子；由平陆之齐，不见储子。屋庐子喜曰：『连得间④矣。』问曰：『夫子之任，见季子；之齐，不见储子，为其为相与？』

曰：『非也；《书》曰：「享多仪⑤，仪不及物曰不享，惟不役志于享。」为其不成享也。』

屋庐子悦。或问之。屋庐子曰：『季子不得多邹，储子得之平陆。』

【注释】

①处守：留守。

②以币交：用送礼物交朋友。

③平陆：地名，在今山东汶上县。

④间：空子。

⑤享多仪：享，享献。意思是享献之礼多仪节。

【译文】

孟子住在邹国时，季任留守任国代理国政，送礼物和孟子结交，孟子收了礼却不回报。孟子住在平陆时，储子任齐国卿相，送礼物和孟子结交，孟子收了礼也不回报。后来孟子从邹国到任国，拜会了季子；从平陆到了齐国，却不拜会储子。屋庐子高兴地说：『我这下找到老师的空子了。』便问道：『老师到任国拜会了季子，到齐国却不拜会储子，因为储子只是卿相吗？』

孟子回答道：『不是！《尚书》说：「享献之礼注重仪节，如果仪节不够，礼物再多也可以说没有贡献，因为享献人的心意没有用在享献上面。」因为他没有完成享献啊。』

屋庐子欣然会意。有人问他。他说：『季子是不能够亲自去邹国，储子是可以亲自去平陆。』

第六章

【原文】

淳于髡曰：『先名实者，为人也。后名实者，自为也。夫子在三卿之中，名实未加于上下而去之，仁者固如此乎？』

孟子曰：『居下位，不以贤事不肖者，伯夷也。五就汤，五就桀者，伊尹也。不恶污君，不辞小官者，柳下惠也。三子者不同道，其趋一也。一者何也？曰：仁也。君子亦仁而已矣，何必同？』

曰：『鲁缪公之时，公仪子为政，子柳、子思为臣，鲁之削也滋甚。若是乎贤者之无益于国也！』

曰：『虞不用百里奚而亡，秦穆公用之而霸。不用贤则亡，削何可得与？』

曰：『昔者王豹①处于淇，而河西善讴。绵驹②处于高唐，而齐右善歌。华周、杞梁之妻善哭其夫，而变国俗。有诸内必形诸外。为其事而无其功者，髡未尝睹之也。是故无贤者也，有则髡必识之。』

曰：『孔子为鲁司寇，不用；从而祭，燔肉不至。不税冕③而行。不知者以为为肉也，其知者以为为无礼也。乃孔子则欲以微罪行，不欲为苟去。君子之所为，众人固不识也。』

【注释】

①王豹：卫国人，著名歌唱家。

②绵驹：齐国人，著名歌唱家。

③税冕：脱帽。税，同『脱』。

【译文】

淳于髡说：『有人把名声和事功看得很重，这是有志于拯救天下的。有人不看重声名和事功，是想独善其身的。先生位在齐国三卿之中，名声和事功还没有得到齐王和下属的认可就离去了，仁者本来就这样吗？』

孟子说：『处在较低的地位上，不用自己的贤才去侍奉水平不高的人，伯夷是这样。五次到了商汤那里，又五次到了夏桀那里，伊尹是这样。不把侍奉不好的君王当成耻辱，也不辞谢小官的，是柳下惠。三个人做法不同，但他们根本上是相同的。相同的是什么呢？也就是仁爱。君子也就是仁爱罢了，为什么做法都一样呢？』

淳于髡说：『鲁缪公的时候，公仪休做鲁国国相，泄柳、子思做大臣，可鲁国削弱得更加严重了。像这种情况贤人大概对国家没什么好处吧！』

孟子说：『虞国不重用百里奚就亡国了，秦穆公重用百里奚从而称霸于诸侯。不用贤人国家就会灭亡，即使想生存，能得到吗？』

淳于髡说：『过去歌唱家王豹住在淇水附近，河西的人都善唱歌。绵驹住在高唐，齐国西部都善唱歌。

华周和杞梁的妻子会哭她们的丈夫，国家的风俗因而改变。内在有什么内容一定会表现出来。做了事情而竟没有什么功劳，我还从没见过。所以，齐国没有贤人，要是有，我一定能知道。』

孟子说：『孔子做鲁国的司寇，不被重用；跟随国君祭祀，祭肉也没送给大夫。孔子没脱礼帽就离开了鲁国。不了解情况的人认为孔子是因为没分到祭肉离开鲁国的，了解情况的人知道孔子是因为鲁君与季孙氏不知礼才离开。孔子想以轻微的罪名离开鲁国，他不想随便离开。君子的行为，大众本来就不知道。』

第七章

【原文】

孟子曰：『五霸①者，三王②之罪人也；今之诸侯，五霸之罪人也；今之大夫，今之诸侯之罪人也。天子适诸侯曰巡狩，诸侯朝于天子曰述职。春省耕而补不足，秋省敛而助不给。入其疆，土地辟，田野治，养老尊贤，俊杰在位，则有庆③；庆以地。入其疆，土地荒芜，遗老失贤，掊克在位④，则有让。一不朝，则贬其爵；再不朝，则削其地；三不朝，则六师移之。是故天子讨而不伐，诸侯伐而不讨。五霸者，搂诸侯以伐诸侯者也，故曰，五霸者，三王之罪人也。五霸，桓公为盛。葵丘之会⑤，诸侯束牲载书而不歃血⑥。初命曰，诛不孝，无易树子，无以妾为妻。再命曰，尊贤育才，以彰有德。三命曰，敬老慈幼，无忘宾旅。四命曰，士无世官，官事无摄，取士必得⑦，无专杀大夫。五命曰，无曲防⑧，无遏籴，无有封而不告⑨。曰，凡我同盟之人，既盟之后，言归于好。今之诸侯皆犯此五禁，故曰，今之诸侯，五霸之罪人也。长君之恶其罪小，逢君之恶其罪大。今之大夫皆逢君之恶，故曰，今之大夫，今之诸侯之罪人也。』

【注释】

①五霸：指齐桓公、晋文公、秦穆公、楚庄王、吴王阖闾。或指齐桓公、晋文公、秦穆公、宋襄公、楚庄王。

②三王：夏禹、商汤、周文王、武王。

③庆：赏也。

④掊克：聚敛也。

⑤葵丘：地名，春秋时属宋，在今河南考城县东三十里。

⑥诸侯束牲载书而不歃血：束牲，古代定盟多用牺牲，或杀，或不杀。不杀谓之束牲，束缚其牲也。载书，『载』是动词，加也；『书』即指盟辞。歃音shà，以口微吸之。

⑦得：得贤。

⑧无曲防：曲，无不遍；防，堤；谓毋各设堤防，以邻为壑也。

⑨无有封而不告：谓毋以私恩擅自封赏而不告盟主也。

【译文】

孟子说：『五霸，是三王的罪人，现在的诸侯，又是五霸的罪人；现在的大夫，又是现在诸侯的罪人。天子巡行诸侯的国家叫作巡狩，诸侯朝见天子叫作述职。〔天子的巡狩，〕春天考察耕种情况，补助不足的人；秋天考察收获情况，周济不够的人。一进到某国的疆界，如果土地已经开辟，庄稼长得很好，老人被赡养，贤者被尊贵，出色的人才立于朝廷，那么就有赏赐；赏赐用土地。如果一进到某国的疆界，土地荒废，老人被遗弃，贤者不被任用，搜括钱财的人立于朝廷，那么就有责罚。〔诸侯的述职，〕一次不朝，就降低爵位；两次不朝，就削减土地；三次不朝，就把军队开去。所以天子的用武力是「讨」，不是「伐」；诸侯则是「伐」，不是「讨」。五霸呢，是挟持一部分诸侯来攻伐另一部分诸侯的人，所以我说，五霸，是三王的罪人。五霸，齐桓公最了不得。在葵丘的一次盟会，捆绑了牺牲，把盟约放在它身上，〔因为相信诸侯不敢负约，〕便没有歃血。第一条盟约说：『诛责不孝之人，不要废立太子，不要立妾为妻。第二条盟约说，尊贵贤人，养育人才，来表彰有德者。第三条盟约说，恭敬老人，慈爱幼小，不要怠慢贵宾和旅客。第四条盟约说，士人的官职不要世代相传，公家职务不要兼摄，录用士子一定要得当，不要独断专行地杀戮大夫。第五条盟约说，不要到处筑堤，不要禁止邻国来采购粮食，不要有所封赏而不报告〔盟主〕。最后说，所有参与盟会的人从订立盟约以后，完全恢复旧日的友好。今日的诸侯都违犯了这五条禁令，所以说，今天的诸侯是五霸的罪人。臣下助长君主的恶行，这罪行还小；臣下逢迎君主的恶行，〔给他找出理论根据，使他无所忌惮〕这罪行可大了。而今天的大夫，都逢迎君主的恶行，所以说，今天的大夫，又是诸侯的罪人。』

第八章

【原文】

鲁欲使慎子为将军[1]。孟子曰：『不教民而用之，谓之殃民[2]。殃民者，不容于尧舜之世。一战胜齐，遂有南阳[3]，然且不可[4]——』慎子勃然不悦曰：『此则滑厘所不识也。』曰：『吾明告子。天子之地方千里；

不千里，不足以待诸侯。诸侯之地方百里；不百里，不足以守宗庙之典籍⑤。周公之封于鲁，为方百里也；地非不足，而俭于百里。太公之封于齐也，亦为方百里也；地非不足也，而俭于百里。今鲁方百里者五，子以为有王者作，则鲁在所损乎，在所益乎？徒取诸彼以与此，然且仁者不为，况于杀人以求之乎？君子之事君也，务引其君以当道，志于仁而已。』

【注释】

①慎子：善用兵者，名滑厘。

②殃民：祸害百姓。

③南阳：即汶阳，在泰山之西南，汶水之北，本属鲁，其后逐渐为齐所侵夺。

④然且不可：此句未完。因慎子勃然不悦，抢着说去。

⑤典籍：重要文册。

【译文】

鲁国打算叫慎子做将军。孟子说：『不先教导百姓便用他们打仗，这叫作祸害老百姓。祸害老百姓的人，在尧舜的时代，是容不得的。只打一次仗便胜了齐国，因而得到了南阳，这样尚且不可以——』慎子一下子变了脸色，不高兴地说：『这是我所不了解的了。』孟子说：『我明白地告诉你吧。天子的土地纵横一千里；如果不到一千里，便不够接待诸侯。诸侯的土地纵横一百里；如果不到一百里，便不够来奉守历代相传的礼法制度。周公被封于鲁，是应该纵横一百里的；土地并不是不够，但实际上少于一百里。太公被封于齐，也应该是纵横一百里的；土地并不是不够，但实际上少于一百里。如今鲁国有五个纵横一百里，你以为假如有圣主明王兴起，鲁国的土地在被减少之列呢？还是在被增加之列呢？不用兵力，白白地取自那国来给与这国，仁人尚且不干，何况杀人来求得土地呢？君子的服侍君王，只是专心一意地引导他趋向正路，有志于仁罢了。』

第九章

【原文】

孟子曰：『今之事君者皆曰「我能为君辟土地，充府库」，今之所谓良臣，古之所谓民贼也。君不乡道①、不志于仁而求富之，是富桀也。「我能为君约与国，战必克」，今之所谓良臣，古之所谓民贼也。君不乡道、不志于仁，而求为之强战，是辅桀也。由今之道②，无变今之俗，虽与之天下，不能一朝居也。』

【注释】

①乡：同『向』。道，道德，此处为以德治国。

②由：沿着；今之道，即助君不以仁义，而行一味求君富一味求武力的暴政。

【译文】

孟子说：『当今侍奉君主的人都说「我能为国君开辟疆土，充实府库的财富」，当今所谓的好臣子，正是古代所谓的害民之贼。国君不追求以德治国，不存心仁义却一心想为他聚集财富，这就等于帮助夏桀得到财富。当今侍奉君主的人还说，「我能为国君邀结盟国，每战必胜」，当今所谓的好臣子，正是古代所谓的害民之贼。国君不追求以德治国，不存心仁义却一味想为他的强大而战争，这等于是辅佐残暴的夏桀。

走当今这样的道路，也不改变现在这样的风气，即使把天下给他，他连一天也坐不安稳的。」

第十章

【原文】

白圭曰：「吾欲二十取一，何如？」

孟子曰：「子之道，貉[1]道也。万室之国，一人陶，则可乎？」

曰：「不可，器不足用也。」

曰：「夫貉，五谷不生，惟黍[2]生之；无城郭、宫室、宗庙祭祀之礼，无诸侯币帛饔飧[3]，无百官有司，故二十取一而足也。今居中国，去人伦，无君子，如之何其可也？陶以寡，且不可以为国，况无君子乎？欲轻之于尧舜之道者，大貉小貉也[4]；欲重之于尧舜之道者，大桀小桀也。」

【注释】

①貉：同「貊（mò）」，北方游牧民族的称号。

②黍：今称黄米，即糜子。

③饔飧（yōng sūn）：本义指早餐和晚餐以饮食为馈客之礼。

④大貉小貉，大桀小桀：指尧税率十抽一，适中；多了就和桀纣那样的暴君差不多，少了就会像貉族那样落后。

【译文】

白圭说：“我想定税率为二十抽一，怎么样？”

孟子指出：“你的方针是貉国的方针，假如有一万户居民的国家，只一个人制作陶器，行不行？”

白圭说：“不行，陶器将不够用。”

孟子说：“貉国，各种谷类都不生长，只长糜子；既没有城墙和房屋，又没有祖庙和祭祀的礼节，也没有各国间的互相往来，进献礼物和宴会，也没有各种衙署和官吏，所以二十抽一就足够了。如今在中国，摒弃一切伦常，不要各种官吏，那怎么能行呢？做陶器的太少了尚且不能使一个国家搞好，何况没有官吏呢？想要使税率比尧舜十抽一还轻的，是大貉小貉；想要使税率比尧舜十抽一还重的，是大桀小桀。”

第十一章

【原文】

白圭曰：“丹之治水也，愈于禹。”

孟子曰：“子过矣。禹之治水，水之道也，是故禹以四海为壑①。今吾子以邻国为壑。水逆行谓之洚②水——洚水者，洪水也——仁人之所恶也。吾子过矣。”

【注释】

①壑：沟。

②洚：大水泛滥。

【译文】

白圭说："我治理水患超过大禹。"

孟子说："你错了。夏禹治水患，是顺乎水的规律的，所以禹使水流入四海。如今你却使水流到邻国去。水横流而行，叫作洚水——洚水就是洪水——这是有仁爱之心的人所厌恶的。你错了。"

第十二章

【原文】

孟子曰："君子不亮[1]，恶乎执？"

【注释】

①亮：同"谅"。

【译文】

孟子说："君子若是不讲诚信，怎能坚持操守呢？"

第十三章

【原文】

鲁欲使乐正子[1]为政。孟子曰："吾闻之，喜而不寐。"

公孙丑曰："乐正子强乎？"

曰："否。"

"有知虑乎？"

曰："否。"

"多闻识乎？"

曰："否。"

"然则奚为喜而不寐？"

曰："其为人也好善。"

"好善足乎？"

曰："好善优于天下，而况鲁国乎？夫苟好善，则四海之内皆将轻②千里而来告之以善；夫苟不好善，则人将曰：'訑訑③，予既④已知之矣。'訑訑之声音颜色距⑤人于千里之外。士止于千里之外，则谗谄面谀⑥之人至矣。与谗谄面谀之人居，国欲治，可得乎？"

【注释】

①乐正子：人名，名乐正克。

②轻："易"的意思。言不以千里为难。

③訑：自满的样子。

④既：尽。

⑤距：同"拒"。

⑥谗谄面谀：谗，说陷害人的坏话。谄：巴结。谀：讨好。

【译文】

鲁国打算让乐正子治理国政。孟子说：『我听说了这个消息，高兴得睡不着。』

公孙丑问：『乐正子很坚强吗？』

答道：『不。』

问：『有智慧有远见吗？』

答道：『不。』

问：『见多识广吗？』

答道：『不。』

『那你为什么高兴得睡不着觉呢？』

答道：『因为他的为人喜欢听取善言。』

『喜欢听取善言就够了吗？』

答道：『喜欢听取善言就足以治天下，何况是治理鲁国呢？如果喜欢听取善言，普天下的人都会不远千里而来把善言告诉他；如果不喜欢听取善言，别人就会模仿着他的神态说：「哦，哦，我早就知道了。」这「哦，哦」的语调和脸色就会把别人拒于千里之外，士人在千里之外止步不来，那么，进谗言，当面奉承的人就会前来，同这些谗媚奉迎的人在一起，要把国家治理好，能做到吗？』

第十四章

【原文】

陈子曰①：“古之君子何如则仕？”

孟子曰：“所就三，所去三。迎之致敬以有礼；言，将行其言也，则就之。礼貌未衰，言弗行也，则去之。其次，虽未行其言也，迎之致敬以有礼，则就之。礼貌衰，则去之。其下，朝不食，夕不食，饥饿不能出门户，君闻之，曰：‘吾大者不能行其道，又不能从其言也，使饥饿于我土地，吾耻之。’周之，亦可受也，免死而已矣②。”

【注释】

①陈子：陈臻。

②周之，亦可受也，免死而已矣：说可受，也即是可就的意思；既说饥饿不能去，仅为免死而就，那么，到接受周济免除了饥饿时，还是要离去的。这中间也包括了一就一去。

【译文】

陈子问：“古代的君子在怎样的情况下才出来做官呢？”

孟子说：“（古代的君子）就职的情况有三种，去职的情况也有三种。迎接他时能尽敬意而又有礼貌；他有所进言，（君主）又将付诸实行，便就职。（君主）对他的礼貌尽管没有减弱，可是对他的进言却不能付诸实行，就去职。其次，虽然不能实行他的进言，但迎接他时却能尽敬意而又有礼貌，便就职。如果君主对他的礼貌减弱了，就去职。最下等的，他早上吃不上饭，晚上也吃不上饭，肚子饥饿得无力走出门户，君主得知这种情况后，说：「我从大的方面说不能实行他的政治主张，又不能听从他的进言，致使他在我的国土上忍饥挨饿，我对这件事感到耻辱。」（在这样的情况下）给予他周济，就也可以接受，这不过是为了免于一死罢了。』

第十五章

【原文】

孟子曰：『舜发于畎亩之中①，傅说举于版筑之间②，胶鬲举于鱼盐之中，管夷吾举于士③，孙叔敖举于海④，百里奚举于市⑤。故天将降大任于是人也，必先苦其心志，劳其筋骨，饿其体肤，空乏其身，行拂乱其所为，所以动心忍性⑥，曾益其所不能⑦。

『人恒过，然后能改；困于心，衡于虑⑧，而后作；徵于色，发于声，而后喻。

『入则无法家拂士，出则无敌国外患者⑨，国恒亡。然后知生于忧患而死于安乐也』

【注释】

①舜发于畎亩之中：畎（quǎn），田间小沟。畎亩，田间，田地。

②傅说举于版筑之间：版筑，在夹版中填土，再用杵筑以成墙。傅说原是判了刑的人，殷高宗武丁从劳役中起用了他。

③管夷吾举于士：管夷吾即管仲。士，主管监狱的官。管仲囚于士官，得到鲍叔的推荐，齐桓公起用他为相国。

④孙叔敖举于海：孙叔敖隐居在海滨，楚庄王起用他为令尹。

⑤百里奚举于市：百里奚的事详见《万章章句上》第九章。

⑥动心忍性：是说竦动其心，坚忍其性；『动』与『忍』都是使动用法。

⑦曾：同增。

⑧衡于虑：衡，横，有横塞的意思。虑，思虑。

⑨入则、出则二句：入，指国内，出，指国外。拂，读弼（bì），辅弼。

【译文】

孟子说：『舜是在田野中发迹的，傅说是从筑墙的苦役中被提拔的，胶鬲是从贩卖鱼和盐的行业中被推荐上来的，管夷吾是从狱官手中选拔出来充任国相的，孙叔敖是从海边僻远的地方拔用的，百里奚是从畜牧业主那里赎买下来的。所以上天将要把治国治民的重任加在这个人的肩头上，一定先要（使他遭受种种困难的磨折，）弄得他心烦意乱，筋骨劳累，肚肠饥饿，口袋空空的，想做点什么便被干扰打乱，百不如意，这就是为了要使他心意竦动，得到锻炼，性格坚韧，克服疲软，由此而增加他平时所不能具有的能耐。

『一个人只有经过多次错误和失败的教训，然后才能改过自新，走上正路；只有经过艰苦的思想斗争和错综复杂的重要思虑，然后才能有所作为；只有（在痛苦的磨炼过程中）表现为形容憔悴的颜色，发出悲歌慷慨的声音，然后才能得到人们的了解。

『一个国家要是国内没有知法度的大臣和能为国君左右手的士子，国外又缺乏对敌国外患横来侵扰的远虑，这样的国家常常是要被灭亡的。从这里，我们可以悟得人为什么在忧愁患害中能够得到生存而在安逸快乐中却反会遭到毁灭的道理了。』

第十六章

【原文】

孟子曰：『教亦多术矣，予不屑之教诲也者，是亦教诲之而已矣。』

【译文】

孟子说：『教育也有多种多样的方式方法，那些我不屑给予教诲他的人，这也是对他的一种教诲呢。』

尽心上

第一章

【原文】

孟子曰：『尽其心①者，知其性②也。知其性，则知天③矣。存其心，养其性，所以事天也。夭寿不贰，修身以俟之，所以立命也。』

【注释】

①心：古代哲学概念，在这里孟子指人的善良本心。

②性：古代哲学概念，在这里孟子指人的本性（善性）。

③天：古代哲学概念，在这里孟子指天命。

【译文】

孟子说：『〔人〕能够尽力去扩张善良的本心，就懂得了人的本性。懂得了人的本性，也就懂得了天命。保存人的善心，培养人的本性，这便是对待天命的方法。无论寿命长短，我都始终如一，培养身心，以待天命，这就可用以安身立命。』

第二章

【原文】

孟子曰：『莫非命也，顺受其正，是故知命者不立乎岩墙之下①。尽其道而死者，正命也；桎梏死者，非正命也。』

【注释】

①莫非：没有不是，一切都是。

【译文】

孟子说：『一切都是命运，但顺理而行，所接受的便是正命，因此懂得命运的人不站在倾斜将塌的危墙下。尽力行道而死的人，所承受的是正命；犯罪受刑而死的人，所承受的不是正命。』

第三章

【原文】

孟子曰："求则得之，舍则失之，是求有益于得也，求在我者①也。求之有道，得之有命，是求无益于得也，求在外者②也。"

【注释】

①在我者：是指人本性所具有的仁义礼智等道德性。

②在外者：是指富贵利达等外在的东西。

【译文】

孟子说："（有些东西）探求，便会得到，放弃，便会失掉，这是有益于得到的探求，因为所探求的东西在我自身。探求有方法，得失却听从命运，这是无益于得到的探求，因为所探求的东西在我本身之外。"

第四章

【原文】

孟子曰："万物皆备于我矣。反身而诚①，乐莫大焉。强恕而行，求仁莫近焉。"

【注释】

①反身：反躬自问。

【译文】

孟子说：『一切我都具备了。反躬自问觉得自己诚实无欺，便是莫大的快乐。按推己及人的忠恕之道尽力去做，达到仁的道路没有比这更快的了。』

第五章

【原文】

孟子曰：『行之而不著焉，习矣而不察焉，终身由之而不知其道者，众①也。』

【注释】

①众：即『庶众』的意思，一般人。

【译文】

孟子说：『只去做而不明白其道理，已经习惯了却不知其所以然，一生都在走这条路却不了解这是什么道路的，这是一般的人。』

第六章

【原文】

孟子曰：『人不可以无耻，无耻之①耻，无耻矣。』

【注释】

①之：到。

【译文】

孟子说：『人不能够没有羞耻，从没有羞耻到懂得羞耻，才能够无羞耻。』

第七章

【原文】

孟子曰：『耻之于人大矣，为机变之巧者，无所用耻焉。不耻不若人，何若人有？』

【译文】

孟子说：『羞耻对于人至关紧要，以奸诈多变为得计的人，没地方用得上羞耻。不因比不上他人而羞耻，怎么能赶上他人呢？』

第八章

【原文】

孟子曰：『古之贤王好善而忘势；古之贤士何独不然！乐其道而忘人之势，故王公不致敬尽礼，则不得及见之。见且由不得亟，而况得而臣之乎？』

【译文】

孟子说：『古代贤明的国君喜欢行善而忘记自己的权势；古代的贤士何尝也不是如此呢？乐于行自己之道而忘记别人的权势，因此王公〔如〕不向他恭敬致礼，就不能多次和他相见。连见面尚且不可多得，何况要他做臣属呢？』

第九章

【原文】

孟子谓宋勾践①曰：『子好游②乎？吾语子游。人知之，亦嚣嚣③；人不知，亦嚣嚣。』

曰：『何如斯可以嚣嚣矣？』

曰：『尊德乐义，则可以嚣嚣矣。故士穷不失义，达不离道。穷不失义，故士得己焉；达不离道，故民不失望焉。古之人，得志，泽加于民；不得志，修身见于世。穷则独善其身，达则兼善天下。』

【注释】

①宋勾践：人名。姓宋，名勾践。

②游：游说。

③嚣嚣：安详自若的样子。

【译文】

孟子对宋勾践说：『你喜欢到处游说吗？我跟你谈游说的事情。人家理解你，要安详自若；人家不理解你，也要安详自若。』

〔宋勾践〕说：『怎样才能够安详自若呢？』

〔孟子〕说：『讲究德，喜欢义，便可以安详自若。因此，士人穷困而不失掉义，得意而不离开道。穷困不失义，士人因此自得其乐；得意不离道，平民因此不致失望。古代的人，得意时，恩惠遍及百姓；不得意时，修养自身以显于世。穷困时独善自身，得志时兼善天下。』

第十章

【原文】

孟子曰：『待文王而后兴者，凡民也。若夫豪杰之士，虽无文王犹兴。』

【译文】

孟子说：『要等待文王〔兴起〕后才振奋的人，是平庸的人。至于杰出能干的人才，即便没有文王也能振奋。』

第十一章

【原文】

孟子曰：『附之以韩魏之家①，如其自视欿然②，则过人远矣。』

【注释】

①附之以韩魏之家：附，增加、增强。韩魏之家，晋国六卿当中的韩氏和魏氏两大家。家，大夫称家，这里有两家财富的意思。

②欿（kǎn）然：视盈若虚的样子，即毫不自满。

【译文】

孟子说：『如果用韩、魏两家大臣的财富来充实他，他仍不自满，那么，他就远远超出一般人了。』

第十二章

【原文】

孟子曰：『以佚道使民，虽劳不怨。以生道杀民，虽死不怨杀者。』

【译文】

孟子说：『用求长久安逸的道理来役使百姓，百姓即使很劳苦不怨恨。用求众生生存的道理杀人，那人虽然被杀，却不怨恨杀他的人。』

第十三章

【原文】

孟子曰：『霸者之民欢虞[1]如也，王者之民皞皞[2]如也。杀之而不怨，利之而不庸[3]，民日迁善而不知为之者。夫君子④所过者化，所存者神，上下与天地同流，岂曰小补之哉？』

【注释】

①欢虞：虞，通『娱』。欢虞，欢乐兴奋。

②皞皞：坦然自得的样子。

③庸：功劳。这里指酬功、酬谢。

④君子：这里是指圣人。

【译文】

孟子说：『霸主的百姓，欢乐兴奋；圣王的百姓坦然自得。百姓被杀了，也不怨恨；得到利益，也不认为是酬劳。百姓天天都向善的方向发展，却不知道是谁在使他这样做。圣人经过的地方，百姓受到感化；他保持的灵感，上通天，下达地，和天地相合，难道可以说这是小小的补益吗？』

第十四章

【原文】

孟子曰：『仁言不如仁声①之入人深也，善政不如善教之得民也。善政，民畏之；善教，民爱之②。善政得民财，善教得民心。』

【注释】

①仁声：仁德者的声望。

②善政，民畏之；善教，民爱之；善政，好的政治。畏，怕、畏惧，意思百姓守法，不敢怠慢。善教，好的教育、教化。爱之，爱它、热爱它。意思是，由于教化，民风敦纯，上下相亲，百姓乐此民风，所以对教育真心喜爱。

【译文】

孟子说：『仁德的语言，不如仁者的声望更深入人心；良好的政治，不如良好的教育更得民心。政治好，百姓怕它；教育好，百姓爱它。好的政治能取得百姓的财富，好的教育能获得百姓的心。』

第十五章

【原文】

孟子曰：『人之所不学而能者，其良能也；所不虑而知者，其良知也①孩提之童②无不知爱其亲者，及其长也，无不知敬其兄也。亲亲，仁也；敬长，义也，无他，达之天下也。』

【注释】

①良知、良能：这是两个哲学词汇。良知是指天才的智慧，因此能不用思考就会知道。良能是指天才的能力，那是不用学习就会的能力。

②孩提之童：孩，小儿的笑。二三岁小儿已经会用笑来表意，让大人提抱。这里指二三岁的小孩子。

【译文】

孟子说：『人不用学就能做到的，这是本能；不用思虑就会知道的，这是良知。两三岁的儿童没有不爱他父母的，等长大以后，没有不知道尊敬哥哥的。爱父母是仁，尊敬哥哥是义，没别的原因，因为亲亲、敬长是通行天下的。』

第十六章

【原文】

孟子曰：『舜之居深山之中，与木石居，与鹿豕游，其所以异于深山之野人者几希；及其闻一善言，见一善行，若决江河，沛然莫之能御也。』

【译文】

孟子说：『舜居住在深山之中时，跟树木、石头做伴，和麋鹿野猪一同交往，他跟深山中的野人差不多；可是等到他听到一句有益的话语，看见一种良好的行为，便立即采纳施行，从中获取力量，就好像决了口的江河，声势浩大得没有谁能阻挡得了。』

第十七章

【原文】

孟子曰：『无为其所不为，无欲其所不欲，如此而已矣。』

【译文】

孟子说：『不要做不该做的事，不贪图不该要的物，一个人能做到这样就够了。』

第十八章

【原文】

孟子曰：『人之有德慧术知者，恒存乎疢疾①。独孤臣孽子②，其操心也危，其虑患也深，故达。』

【注释】

①疢（chèn）疾：疾病，引申为灾患。

②孽子：庶子，指妾所生的儿子。

【译文】

孟子说：『人之所以具有德行、智慧、学术、才能，往往是因为经常想到灾患。只有那些不受重视的远臣庶子，他们心里发愁的是危难，考虑祸患也是深远，所以能通晓事理，洞达人情。』

第十九章

【原文】

孟子曰：『有事君人者，事是君则为容悦者也；有安社稷者，以安社稷为悦者也；有天民者，达可行于天下而后行之者也；有大人者正己而物正者也。』

【译文】

孟子说：『有侍奉君主的一种人，他们侍奉这些君主就专以容色取宠的人；有安邦定国的臣子，这种人是以安定国家为乐事的人；有高深涵养的天民，这种人是以大道能在天下行得通才去实行的人；有圣贤品格的大人，这种人是以先端正自己而后再自然地端正外物的人。』

第二十章

【原文】

孟子曰：『君子有三乐，而王天下不与存焉。父母俱存，兄弟无故①，一乐也；仰不愧于天，俯不怍②于人，二乐也；得天下英才而教育之，三乐也。君子有三乐，而王天下不与存焉！』

【注释】

①无故：没有事故，没有灾难病患。

②怍（zuò）：惭愧。

【译文】

孟子说：『君子有三样乐趣，而统一天下这事不包括在内。父母全都健在，兄弟没灾没病，这是第一样乐趣；上无愧于天，下无愧于人，这是第二样乐趣；得到天下的优秀人才而培育他们，这是第三样乐趣。君子有以上这三样乐趣，而统一天下这事不包括在内。』

第二十一章

【原文】

孟子曰：『广土众民，君子欲之，所乐不存焉；中天下而立，定四海之民，君子乐之，所性不存焉。

君子所性，虽大行不加焉①，虽穷居不损焉，分定故也②。君子所性，仁义礼智根于心，其生色也睟然③。见于面，盎于背④，施于四体⑤，四体不言而喻。』

【注释】

①大行：与『穷居』对文。

②分：本分。

③睟（cuì粹）然：清和润泽之貌。

④盎：显现。

⑤施于四体：指见于动作、威仪之间。

【译文】

孟子说：『广大的土地、众多的民众，是君子所向往的，但乐趣不在于此；中居天下执政，安抚四海之内的民众，君子以此为乐，但本性不在于此。君子的本性，即使显贵通达不因而增益，即使穷困隐居不因而减损，因为本分确定的缘故。君子的本性是仁义礼智，根植于内心，显现于外表则温润和顺。它表现于颜面，充溢于肩背，施行于肢体，肢体的动作不必言说就能使人了解。』

第二十二章

【原文】

孟子曰：『伯夷辟纣，居北海之滨，闻文王作，兴曰：「盍归乎来！吾闻西伯善养老者。」太公辟纣，居东海之滨，闻文王作，兴曰：「盍归乎来！吾闻西伯善养老者。」天下有善养老，则仁人以为己归矣。五亩之宅，树墙下以桑，匹妇蚕之，则老者足以衣帛矣。五母鸡、二母彘无失其时，老者足以无失肉矣。百亩之田，匹夫耕之，八口之家足以无饥矣。所谓西伯善养老者，制其田里，教之树畜，导其妻子使养其老。五十非帛不暖，七十非肉不饱，不暖不饱谓之冻馁。文王之民无冻馁之老者，此之谓也。』

【译文】

孟子说：『伯夷躲避殷纣，居住在北海之滨，听说周文王兴起，感奋地说：「何不去归依啊！我听说西伯善于奉养长者。」姜太公躲避殷纣，居住在东海之滨，听说周文王兴起，感奋地说：「何不去归依啊！我听说西伯善于奉养长者。」天下有善于奉养长者的，那么仁人便以之作为自己的归依了。五亩宅田，在墙下种植桑树，妇女养蚕，那么老年人足以穿上丝绸了。五只母鸡、两头母猪不失时节地畜养，老年人足以不缺少肉食了。百亩耕地，男子去耕种，八口之家足以免于挨饿了。所谓西伯善于奉养长者，就是规定耕地居宅，教给他们种植畜养，引导妻室子女奉养他们的长者。到了五十岁没有丝绸就穿不暖，到了七十岁没有肉食就吃不饱，穿不暖、吃不饱叫作挨冻受饿。周文王的民众中没有挨冻受饿的老人，就是这个意思。』

第二十三章

【原文】

孟子曰：『易其田畴①，薄其税敛，民可使富也。食之以时，用之以礼，财不可胜用也。民非水火不生活，昏暮叩人之门户求水火，无弗与者，至足矣。圣人治天下，使有菽粟如水火。菽粟如水火，而民焉有不仁者乎？』

【注释】

①易：整治。

【译文】

孟子说：『整治耕地，减轻税收，是能使民众富有的。依照时令饮食，按照礼仪花费，财物是不会用尽的。民众没有水、火无法生存过活，昏夜敲他人家门求觅水、火，没有不给的，因为相当充足。圣人治理天下，要使拥有豆、粟如同水、火那样充足。豆、粟如同水、火那样充足，民众哪有不仁爱的呢？』

第二十四章

【原文】

孟子曰：『孔子登东山而小鲁①，登泰山而小天下。故观于海者难为水，游于圣人之门者难为言。观水有术，必观其澜②。日月有明，容光必照焉。流水之为物也，不盈科不行；君子之志于道也，不成章不达③。』

【注释】

①东山：今山东蒙阴之南。

②必观其澜：澜，波澜。

③成章：古称乐曲终结为一章，此指事物达到一定阶段，犹孔子所言『斐然成章』。

【译文】

孟子说：『孔子登临东山觉得鲁国渺小，登临泰山觉得天下渺小。所以，看过大海的人难以注意一般的水流，在圣人们下游学的人难以注意一般的言论。观看水有方法，必须观看它的波澜。太阳月亮有光辉，光线能透过就一定照得到。水流这种东西，不流满洼地不再向前；君子所志向的大道，不到一定的程度不能通达。』

第二十五章

【原文】

孟子曰：『鸡鸣而起，孳孳①为善者，舜之徒也；鸡鸣而起，孳孳为利者，蹠②之徒也。欲知舜与之分，无他，利与善之间③也。』

【注释】

①孳孳（zīzī）：即『孜孜』，勤勉不懈的样子。

②蹠（zhí）：即跖。这里指盗跖。

③间（jiàn）异：不同、差别。

【译文】

孟子说：『鸡叫就起床，努力去行善的人，一定是舜一类的人物。鸡一叫就起床，努力求利的人，一定是跖一类的人。要明白舜和跖的差别，没有别的，善和利的不同罢了。』

第二十六章

【原文】

孟子曰：『杨子取[1]为我，拔一毛而利天下，不为也。墨子兼爱，摩顶放踵[2]利天下，为之。子莫[3]执中。执中为近之。执中无权，犹执一也。所恶执一者，为其贼道也。举一而废百也。』

【注释】

①取：这里是主张的意思。

②摩顶放踵：摩，磨。顶，头顶。放，至、扩展到。踵（zhǒng），足跟。意思是从头顶一直到脚跟都磨损了，也不足惜。

③子莫：人名，鲁国的一位贤人。

【译文】

孟子说：『杨子主张为我，拔一根汗毛而有利于天下，都不肯干。墨子主张兼爱，从头顶到脚跟全部磨损，只要对天下有利，他也肯干。子莫主张中道。能掌握中道，就离真理不远了。如果掌握了中道，但不懂得灵活变通，就是执着一点。为什么厌恶执着一点呢？因为它损害仁义之道，只抓住了一点而废弃了其余的缘故。』

第二十七章

【原文】

孟子曰：『饥者甘食，渴者甘饮，是未得饮食之正也，饥渴害之也。岂惟口腹有饥渴之害？人心亦皆有害。人能无以饥渴之害为心害，则不及人不为忧矣。』

【译文】

孟子说：『饥饿的人觉得任何食物都是美味，干渴的人觉得任何饮料都是甜的。他品尝不出饮食的正常味道，是因为受了饥渴的损害。难道只有口腹有饥渴这样的损害吗？人心也有类似的损害。如果人能使自己的心不受饥渴那样的损害，那么，就不用因为怕赶不上别人而忧虑了。』

第二十八章

【原文】

孟子曰：『柳下惠不以三公易其介①。』

【注释】

①介：节操。

【译文】

孟子说：『柳下惠不因为让他做三公而改变自己的节操。』

第二十九章

【原文】

孟子曰："有为者辟若掘井，掘井九轫[1]而不及泉，犹为弃井也。"

【注释】

①轫（rèn）：同"仞"，7尺或8尺为1仞。

【译文】

孟子说："做一件事就好比淘井，掏到七八丈深还不见泉水，就是一口废井了。"

第三十章

【原文】

孟子曰："尧舜，性之也；汤武，身之也；五霸，假之也。久假而不归，恶知其非有也。"

【译文】

孟子说："尧舜行仁义，是出于本性；顺其自然；商汤和周武王是靠亲身去体验，努力推行；五霸就是假借仁义之名，来谋私利。不过，借的时间久了，总不归还，怎么就知道不会变为他所有了呢？"

尽心下

第一章

【原文】

孟子曰：『不仁哉梁惠王也！仁者以其所爱及其所不爱，不仁者以其所不爱及其所爱。』

公孙丑问曰：『何谓也？』

『梁惠王以土地之故，糜烂其民而战之。大败，将复之，恐不能胜，故驱其所爱子弟以殉之，是之谓以其所不爱及其所爱也。』

【译文】

孟子说：『梁惠王委实太不仁了啊！一个仁爱的人会拿他施加于所爱的人的恩泽推广开去，沾被到他所不爱的人的身上，（相反，）一个薄情寡恩的人却会拿他施加于他所不爱的人的荼毒连累及他所心爱的人。』

公孙丑听了，问道：『这话怎么讲呢？』

答道：『梁惠王为了扩张土地，把他所不爱的百姓投入战争的血海，使他们弃尸原野，肝脑涂地。吃了大败仗后，又将卷土重来，却担心百姓不肯替他卖命，所以不惜驱使他所心爱的子弟上战场去送死，这便叫作拿他施加于他所不爱的人的荼毒连累及他所心爱的人。』

第二章

【原文】

孟子曰："春秋无义战。彼善于此，则有之矣。征者，上伐下也，敌国不相征也。"

【译文】

孟子说："春秋那个时代几乎没有合乎义的战争，（相对而言，）那次战争比这次战争好一点（的情况），就还是有的。（为什么说春秋没有合乎义的战争呢？因为）征讨这个词，是指上面的天子讨伐下面违反王命的诸侯，地位相等的国家是不得互相征伐的"。

第三章

【原文】

孟子曰："尽信《书》，则不如无《书》。吾于《武成》①，取二三策而已矣②。仁人无敌于天下，以至仁伐至不仁，而何其血之流杵也③？"

【注释】

①武成：古《尚书》中篇名，内容大概记述周武王伐纣王的事，今已佚亡。伪古文《尚书》中的《武成》已经不是《孟子》本章所说的《武成》篇。

②策：古代尚未发明纸时，用漆在竹片或木片上书写文字；一块竹片名为简，编联若干竹简名为策。古人大事记在策上，小事记在简上。

③血之流杵：杵，舂米的木棒；或作卤，与橹通。伪古文《尚书·武成》篇说周武王伐纣的军队，『会于牧野，罔有敌于我师；前徒倒戈，攻于后以北，血流漂杵』。

【译文】

孟子说：『全部相信《书》，还不如没有《书》的好。我对于《武成》这篇《书》文，只不过采用它两三段文字罢了。一个仁德的人在天下是没有敌手的，以周武王这样天下极其仁爱的贤君去讨伐商纣那样最不仁爱的暴君，（义师所到的地方，备受百姓的欢迎）又怎么会发生血流成河，连舂米的大木棒都给漂走的事呢？』

第四章

【原文】

孟子曰：『有人曰：「我善为陈[①]，我善为战。」大罪也。国君好仁，天下无敌焉。南面而征北狄怨[②]，东面而征西夷怨，曰：「奚为后我？」武王之伐殷也，革车三百两，虎贲三千人[③]。王曰：「无畏！宁尔也，非敌百姓也。」若崩厥角稽首[④]。征之为言正也，各欲正己也，焉用战？』

【注释】

①陈：即『阵』本字。

②北狄：亦作『北夷』。

③革车三百两，虎贲（bēn）三千人：革车，兵车；两，同辆。虎贲，古时用来喻指勇士、武士。

④若崩厥角稽首：厥，顿；角，额角，厥角，即以额角触地，也即『顿首』『叩头』的意思。崩，指山崩塌，这里用来形容百姓叩头众声轰然。

【译文】

孟子说：『有人说，「我善于陈兵列将摆成作战阵势，我善于打仗取胜。」这实际是该服上刑的大罪过。只要国君好行仁德，天下便没有敌手。（过去商汤大起义师，）他讨伐南方，北方的狄族便埋怨。他讨伐东方，西方的夷族同样也埋怨，他们说：「为什么把我们搁在后面呢？」周武王去讨伐殷纣时，派出兵车三百辆，勇士三千人。武王告谕殷商的百姓道：「别害怕！我们是来帮助你们得到安定生活的，不是来跟你们百姓作对的。」百姓们听了一齐伏在地上把额角碰着地面叩起头来，登时像山岳崩塌似的响声一片。征这个字含有正的意思，（被暴君压榨虐害的各国百姓）都想匡正自己的国家，哪里又用得着战争呢？』

第五章

【原文】

孟子曰：『梓匠轮舆能与人规矩，不能使人巧。』

【译文】

孟子说：『木匠和制作车轮、车厢的人能够把制作的规矩、标准传授给别人，却不能使人一定具有高超的技巧。』

第六章

【原文】

孟子曰："舜之饭糗茹草[1]也，若将终身焉。及其为天子也，被袗衣[2]，鼓琴，二女果[3]，若固有之。"

【注释】

①饭糗（qiǔ）茹草：饭，茹，都是吃的意思。糗，干饭。

②袗衣：意思是"麻葛单衣"。

③果（wǒ）：通"婐"。侍女，引申为侍奉。

【译文】

孟子说："舜吃干粮啃野菜的时候，好像要这样过一辈子。等他做了天子，穿着麻葛单衣，弹着琴，有两个侍女侍候着，又好像这些是本来就有的一样。"

第七章

【原文】

孟子曰："吾今而后知杀人亲之重也：杀人之父，人亦杀其父；杀人之兄，人亦杀其兄。然则非自杀之也，一间[1]耳。"

【注释】

①间：隔，离。一间即相距很近的意思。

【译文】

孟子说：『我现在才懂得杀害别人亲属的严重性了：杀了别人的父亲，别人也会杀他的父亲；杀了别人的兄长，别人也会杀他的兄长。那么，〔父亲和兄长〕虽然不是自己所杀的，但〔和自己所杀〕也相差无几了。』

第八章

【原文】

孟子曰：『古之为关也，将以御暴；今之为关也，将以为暴。』

【译文】

孟子说：『古时候设立关口要塞是用来抵御残暴，现在设立关口要塞却是用来实行残暴。』

第九章

【原文】

孟子曰：『身不行道，不行于妻子；使人不以道，不能行于妻子。』

【译文】

孟子说：『自身不依道而行，那么道在妻子儿女身上都行不通，〔更不要说对别人了；〕役使别人不合乎道，那么要想去役使妻子儿女都不可能。』

第十章

【原文】

孟子曰：『周①于利者，凶年不能杀②；周于德者，邪世不能乱。』

【注释】

①周：为『足』的意思。

②杀：缺乏，困窘。

【译文】

孟子说：『财利富足的人，灾荒年代也不致困窘；道德高尚的人，世道混乱也不致迷惑。』

第十一章

【原文】

孟子曰：『好名之人能让千乘之国，苟非其人，箪食豆羹见于色。』

【译文】

孟子说：『喜好名望的人能把千乘兵车的国位让给别人，但如果不是好名的人，（即便要他）让一筐饭一碗汤，也会表现出不愉快的神情。』

第十二章

【原文】

孟子曰：『不信仁贤，则国空虚；无礼义，则上下乱；无政事，则财用不足。』

【译文】

孟子说：『〔如〕不亲信仁者贤者，国家就会空虚；不讲礼义，举国上下就会混乱；不搞好政治，财用就会贫乏。』

第十三章

【原文】

孟子曰：『不仁而得国者，有之矣；不仁而得天下者，未之有也。』

【译文】

孟子说：『不实行仁道而得到国家，这种事倒曾有过；但不行仁道而得到天下，可未曾有过啊。』

第十四章

【原文】

孟子曰：『民为贵，社稷次之，君为轻。是故得乎丘民①而为天子，得乎天子为诸侯，得乎诸侯为大夫。诸侯危社稷，则变置，牺牲既成，粢盛既，祭祀以时，然而旱干水溢，则变置社稷。』

【注释】

①丘明：丘民，田野之民。

【译文】

孟子说：『百姓最重要，土神谷神次要，君主较轻。因此，得到众百姓之心的做天子，得到天子之心的做诸侯，得到诸侯之心的做大夫。诸侯危害社稷国家，就另外改立。牺牲已经长成，祭物已经洁净，能按时祭祀，但仍发生旱灾涝灾，就另立土神谷神。』

第十五章

【原文】

孟子曰：『圣人，百世之师也，伯夷、柳下惠是也。故闻伯夷之风者，顽夫廉，懦夫有立志；闻柳下惠之风者，薄夫敦，鄙夫宽。奋乎百世之上，百世之下，闻者莫不兴起也。非圣人而能若是乎？——而况于亲炙之者乎？』

【译文】

孟子说：『圣人是百代人的师表，伯夷、柳下惠正是这样的人。因此，听到伯夷品性的人，贪婪者廉洁了，懦弱的人也长了志气；听到柳下惠品性的人，刻薄者敦厚老实了，狭隘者宽宏大度了。百代以前发奋进取，百代以后听到的人无不感动振作。〔如果〕不是圣人，能有这样的影响吗？何况是那些亲身感受过熏陶的人呢。』

第十六章

【原文】

孟子曰：『仁也者，人也①。合而言之，道也。』

【注释】

①仁也者，人也：古音『仁』与『人』相同，所以义同。仁的意思就是人。

【译文】

孟子说：『「仁」的意思就是「人」，仁和人合并起来说，就是道。』

第十七章

【原文】

孟子曰：『孔子之去鲁，曰，「迟迟吾行也，去父母国之道也。」去齐，接淅而行——去他国之道也。』

【译文】

孟子说：『孔子离开鲁国，说：「我们慢慢地走吧！这是离开祖国的态度。」离开齐国，就不等淘完米，捞起来就走——这是离开别国的态度。』

第十八章

【原文】

孟子曰：『君子之厄于陈、蔡之间①，无上下之交也。』

【注释】

①君子厄于陈、蔡之间：君子，指孔子。厄，困、阻。陈和蔡都是国名。意思是孔子被困在陈国和蔡国之间。

【译文】

孟子说：『孔子被困在陈国和蔡国之间，是和两国的君主都没有交往的缘故。』

第十九章

【原文】

貉稽①曰：『稽大不理②于口。』孟子曰：『无伤也。士憎兹多口。《诗》云：「忧心悄悄，愠于群小③。」孔子也。「肆不殄厥愠，亦不殒厥问④。」文王也。』

【注释】

①貉（mò）稽（jī）：人名，姓貉，名稽。

②理：顺。不理于口，即不顺于口。意思是被人说得很坏。

③忧心悄悄，愠（yùn）于群小：忧心，忧愁烦恼。愠，怒、恨、怨恨。群小，众多小人。愠于群小，

被小人们恨怨。

④肆不殄厥愠，亦不殒厥问：肆，故。殄，绝、灭。殒，失、失去。问，声闻。

【译文】

貉稽说：『我被别人说得很坏。』

孟子说：『不碍事。士人就厌恶这种多口多舌。《诗经》上说：「烦恼沉沉压在心，小人视我眼中钉。」孔子就是这样的人。又说：「不消除别人的怨恨，也不失去自己的声望。」这说的是周文王。』

第二十章

【原文】

孟子曰：『贤者以其昭昭使人昭昭，今以其昏昏使人昭昭。』

【译文】

孟子说：『贤人是用自己的明明白白，去使别人明明白白；如今的人，是用自己的糊糊涂涂，去使别人明明白白。』

第二十一章

【原文】

孟子谓高子曰：『山径之蹊①，间介然②用之而成路；为间③不用，则茅塞之矣。今茅塞子之心矣。』

【注释】

①蹊（xī）：人踩出的小路。

②介然：界限分明的样子。

③为间：时间不久。

【译文】

孟子对高子说：『山坡的小路很窄，但经常有人走，它就会界限分明地变成一条路；但有一段时间没人去走，就会又被茅草堵塞了。现在，茅草堵塞了你的心了。』

第二十二章

【原文】

高子曰：『禹之声尚文王之声。』孟子曰：『何以言之？』曰：『以追蠡①。』曰：『是奚足哉？城门之轨，两马之力与？』

【注释】

①追（duī）蠡（lí）：追，钟钮。蠡，像被虫咬了而要断绝。

【译文】

高子说：『禹的音乐高于文王的音乐。』孟子说：『这样说有什么根据呢？』高子回答道：『因为禹传下来的钟钮都快要断了。』孟子说：『这怎么够做证明呢？城门下的车迹那么深，难道是几匹马的力量吗？

是日子久了，车马多，慢慢形成的；禹的钟钮要断了，也是日久的缘故。』

第二十三章

【原文】

齐饥。陈臻曰：『国人皆以夫子将复为发棠①，殆不可复。』

孟子曰：『是为冯妇②也。晋人有冯妇者，善搏虎，卒为善士。则之野，有众逐虎。虎负嵎③，莫之敢撄④。望见冯妇，趋而迎之。冯妇攘臂下车。众皆悦之，其为士者笑之。』

【注释】

①发棠：发，打开粮仓赈民。棠，地名，在今山东即墨县甘棠社，这里有粮仓。

②冯妇：姓冯，名妇，善于打虎。后来他做了善人，不再打虎。有一次，他看见人们打虎，他又技痒，参与进去，受到士人讥笑。

③嵎（yú）：同『隅』，山角。虎负，老虎靠着山角顽抗。

④撄（yīng）：接触、靠近。

【译文】

齐国遭了饥荒。陈臻对孟子说：『国内的人都以为老师会再次劝请齐王，使他打开仓廪来赈济百姓，大概不可以再这样做吧！』

孟子说：『再这样做就成了冯妇了。晋国有个人叫冯妇，擅长斗虎，后来变成善人。有一次他到野外，有许多人正在追赶老虎。老虎负隅顽抗，没人敢靠近他。人们看见冯妇来了，就跑过去迎接他。冯妇也就捋起袖子，伸出胳膊，走下车来。大家都喜欢他，可是他却被士人讥笑。』

第二十四章

【原文】

孟子曰：『口之于味也，目之于色也，耳之于声也，鼻之于臭也，四肢之于安佚也，性也，有命焉，君子不谓性也。仁之于父子也，义之于君臣也，礼之于宾主也，知之于贤者也，圣人之于天道也，命也，有性焉，君子不谓命也。』

【译文】

孟子说：『口对于美味，眼睛对于美色，耳朵对于美声，鼻子对于香气，手脚对于放松安逸，这些爱好，都是天性；但是能否得到，却由命运决定，所以君子不认为这些都是天性的必然。仁在父子之间，义在君臣之间，礼在宾主之间，智慧对于贤人，圣人对于天道，也是命运决定，但也有天性在里边，所以君子不认为这些完全决定于命运。

第二十五章

【原文】

浩生不害①问曰：『乐正子，何人也？』

孟子曰：『善人也，信人也。』

『何谓善？何谓信？』

曰：『可欲之谓善。有诸己之谓信②。充实之谓美③。充实而有光辉之谓大④。大而化之之谓圣。圣而不可知之之谓神。乐正子，二之中，四之下⑤也。』

【注释】

①浩生不害：姓浩生名不害，齐国人。

②有诸己之谓信：内心确实有好善之意叫作诚信。

③充实之谓美：把善、信扩展到全身叫作美。

④充实而有光辉之谓大：能把善、信扩展到全身，全身洋溢着道德的感染力。

⑤二之中，四之下：是说乐正子处于善、信之间，还没达到大的程度。

【译文】

浩生不害问：『乐正克是什么样的人呢？』

孟子说：『他是个好人，是个诚实的人。』

浩生不害问：『什么算是好人，什么算是诚实的人呢？』

孟子说：『可爱的人就是好人，内心确实可爱就是诚实的人。把这种可爱和诚实扩展到自己的全部行为就叫美，扩展到全部行为并充满道德的感染力就叫大，大又能让天下变化叫作圣人。圣人是一般人不能理解的，所以圣人又叫神人。乐正克在好人和诚实的人中间，还没达到大的境界。』

第二十六章

【原文】

孟子曰："逃墨必归于杨，逃杨必归于儒。归，斯受之而已矣。今之与杨、墨辩者，如追放豚，既入其苙①，又从而招之②。"

【注释】

①苙：猪圈。

②招之：把它捆起来。

【译文】

孟子说："脱离墨家肯定会信奉杨朱学说，脱离杨朱学说肯定会信奉儒家学说。愿意信奉儒家学说，也就接受他。现今与杨朱学派、墨家学派辩论的人，要像捉跑掉的猪一样。已经赶入猪圈，还要捆起四肢。"

第二十七章

【原文】

孟子曰："有布缕之征、粟米之征、力役之征。君子用其一，缓其二。用其二而民有殍，用其三而父子离。"

【译文】

孟子说："有对布匹的征税，有对粮食的征税，还要让老百姓服劳役。君子只取其中的一种，而对另两种则不着急。如果同时征两种税老百姓就会饿死，三种税并征父子就要分离。』

第二十八章

【原文】

孟子曰：『诸侯之宝三：土地，人民，政事。宝珠玉者，殃必及身。』

【译文】

孟子说：『国君有三样宝贝：土地、老百姓和政治。仅仅把珠玉当宝贝的，他自己必定身受其害。』

第二十九章

【原文】

盆成括仕于齐。孟子曰：『死矣盆成括！』

盆成括见杀，门人问曰：『夫子何以知其将见杀？』

曰：『其为人也小有才，未闻君子之大道也，则足以杀其躯而已矣。』

【译文】

盆成括在齐国做官，孟子说：『盆成括活不长了！』

盆成括被杀了，孟子弟子问：『老师，您怎么知道盆成括将要被杀呢？』

孟子说：『这个人有点小聪明，但是不懂君子的大道，这就能招来杀身之祸。』

第三十章

【原文】

孟子之滕，馆于上宫。有业屦①于牖上，馆人求之弗得。或问之曰：『若是乎从者之也？』

曰：『子以是为窃屦来与？』

曰：『殆非也。夫子之设科②也，往者不追，来者不拒。苟以是心至，斯受之而已矣。』

【注释】

①业屦：没织好的草鞋。

②设科：设教，办教育。

【译文】

孟子到滕国去，住在滕国的上宫。宾馆服务员把没织好的草鞋放在窗台上，却找不到了。有人问孟子：『好像是您的随从把鞋藏起来了吧？』

孟子说：『你以为我的随从是为了偷一双鞋才来吗？』

那人说：『大概不是。不过先生您教学生，对学生的过去又不追问，只要来学习您就不拒绝。如果抱着来学习的态度，您也就接受了，您怎么保证他过去不是小偷呢？』

第三十一章

【原文】

孟子曰：『人皆有所不忍，达之于其所忍，仁也；人皆有所不为，达之于其所为，义也。人能充无欲害人之心，而仁不可胜用也；人能充无穿逾之心，而义不可胜用也；人能充无受尔汝之实①，无所往而不为义也。士未可以言而言，是以言餂之也②；可以言而不言，是以不言餂之也，是皆穿逾之类也。』

【注释】

①无受尔汝之实：『尔』『汝』为古代尊长对卑幼的对称代词，如果平辈用之，便表示对他的轻视。

②餂：音tiǎn，取也，挑取物也。

【译文】

孟子说：『每个人都有不忍心干的事，把它延伸到所忍心干的事上，便是仁；每个人都有不肯干的事，把它延伸到所肯干的事上，便是义。〔换句话说，〕人能够扩充不想害人的心，仁便用不尽了；人能够扩充不挖洞跳墙的心，义便用不尽了；人能够扩充不受鄙视的言行举止，〔以至所言所行都不会遭到鄙视，〕那随便到哪里都合于义了。〔怎样叫作挖洞跳墙呢？譬如〕一个士人，不可以同他谈论却去同他谈论，这是用言语来挑逗他，以便自己取利；可以同他谈论却不同他谈论，这是用沉默来挑逗他，以便自己取利，这些都是属于挖洞跳墙这一类型的。』

第三十二章

【原文】

孟子曰：『言近而指远者，善言也；守约而施博者①，善道也。君子之言也，不下带而道存焉②；君子之守，修其身而天下平。人病舍其田而芸人之田——所求于人者重，而所以自任者轻。』

【注释】

①施：施恩。

②不下带：带，束腰之带。

【译文】

孟子说：『言语浅近而意义深远的，这是「善言」；操守简单，效果却广大的，这是「善道」。君子的言语，讲的虽是常见的事情，可是「道」就在其中；君子的操守，从修养自己开始，〔然后去影响别人，〕从而使天下太平。有些人的毛病就在于放弃自己的田地，却去替别人芸田——要求别人的很重，自己负担得却很轻。』

第三十三章

【原文】

孟子曰：『尧舜，性者也；汤武，反之也。动容周旋中礼者，盛德之至也。哭死而哀，非为生者也。经德不回①，非以干禄也。言语必信，非以正行也②。君子行法，以俟命而已矣』。

【注释】

①经德不回：经，行也。『回』同『违』，谓违背礼节也。

②非以正行：不是为了让别人知道我行为端正。

【译文】

孟子说：『尧舜的美德是出于本性，汤武则经过修身来恢复本性。动作容貌无不合于礼的，是美德中极高的了。哭死者而悲哀，不是做给生者看的。依据道德而行，不致违礼，不是为了谋求官职。言语一定信实，不是为了让人知道我行为端正。君子只是依法度而行，去等待命运罢了。』

第三十四章

【原文】

孟子曰：『说大人，则藐之，勿视其巍巍然。堂高数仞①，榱题数尺②，我得志，弗为也。食前方丈，侍妾数百人，我得志，弗为也。般乐饮酒，驱骋田猎，后车千乘，我得志，弗为也。在彼者，皆我所不为也；在我者，皆古之制也，吾何畏彼哉？』

【注释】

①堂高：堂阶。

②榱题：本义是房椽子，此处可能指屋檐，榱音shuī。

【译文】

孟子说：『游说诸侯，就要藐视他，不要把他高高在上的地位放在眼里。殿堂的基础两三丈高，屋檐几尺宽，我如果得志，不这样干。菜肴满桌，姬妾几百，我如果得志，不这样干。饮酒作乐，驰驱畋猎，跟随的车子千把辆，我如果得志，不这样干。他所干的，都是我所不干的；我所干的，都符合古代制度，那我为什么要怕他呢？』

第三十五章

【原文】

孟子曰：『养心莫善于寡欲。其为人也寡欲，虽有不存焉者①，寡矣；其为人也多欲，虽有存焉者，寡矣。』

【注释】

①不存，存：此指孟子所谓『善性』『夜气』而言。此『存』字即《离娄下》第十九章和《告子上》第八章之诸『存』字。

【译文】

孟子说：『修养心性的方法没有比减少物质欲望更好的。他的为人，欲望不多，善性纵使有所丧失，也不会多；他的为人，欲望很多，善性纵使有所保存，也是极少的了。』

第三十六章

【原文】

万章问曰：『孔子在陈曰：「盍归乎来！吾党之士狂简①，进取，不忘其初②。」孔子在陈，何思鲁之狂士？』

孟子曰：『孔子「不得中道而与之③，必也狂狷乎④！」狂者进取，狷者有所不为也。孔子岂不欲中道哉？不可必得，故思其次也。』

『敢问何如斯可谓狂矣？』

曰：『如琴张、曾晳、牧皮者⑤，孔子之所谓狂矣。』

『何以谓之狂也？』

曰：『其志嘐嘐然⑥，曰：「古之人，古之人。」夷考其行而不掩焉者也⑦，狂者又不可得，欲得不屑不洁之士而与之，是狷也，是又其次也。孔子曰：「过我门而不入我室，我不憾焉者，其惟乡原乎⑧！乡原，德之贼也。」』

曰：『何如斯可谓之乡原矣？』

曰：『「何以是嘐嘐也？言不顾行，行不顾言，则曰，古之人，古之人⑨。行何为踽踽凉凉？生斯世也，为斯世也，善斯可矣。」阉然媚于世也者，是乡原也。』

【注释】

①吾党之士狂简：狂简，简，大，有志大、言大的意思，与世俗所谓『志大才疏』的人相类似。

②不忘其初：这可能是万章引孔子的话，意思是说不能改变他们的旧习。

③孔子不得中道而与之：语见《论语·子路》篇，『孔子』下有『曰』字，『中道』作『中行』。

④狷（juàn倦）：一作，狷急，狷介，即性情正直，不肯同流合污的意思。

⑤琴张、牧皮：琴张，一般都以为字子张，即孔子弟子颛孙师。牧皮，生平已无从考查。

⑥嘐嘐（xiāo哮）：言志大的样子。

⑦夷：平，辨；『夷考』有考察的意思。

⑧乡原：乡原一词，见《论语·阳货》篇，谨愿的人。

⑨『何以是也』至『古之人，古之人，』：是乡原讽刺狂者的话。行何为踽踽凉凉：踽踽（jǔ举），独行不进的样子；凉凉，薄，不被人亲厚。这是乡原讥讽狷者的话。万子曰：子，男子的美称。不称万章而称万子，是孟子对万章的赞赏。郑声：郑有重（chóng重叠的重）的意思。郑声大概是指弦急柱促，声音复沓悦耳的乐歌。反经：反，复；经，常，万世不变的常道。

【译文】

万章问道：『孔子在陈国时说，「何不归去呢！我们乡里的学生们不喜欢按照常规行事，志向大口气也大，一直没有改变他们的老脾气。」孔子在陈国，为什么要念叨着鲁国那些狂放之士呢？』

孟子说：『孔子说过「得不到不偏不倚合于中行的人而加以奖掖鼓励，如果一定要奖掖鼓励一些人，那就只有狂放之士和狷介之士了啊！狂放的人富有进取心，狷介之士有所不为」。孔子难道不想得到不偏不倚合于中行的人吗？但不一定能得到，所以便只好想到次一等的人了。』

『请问怎样的人才可被称作狂放之士呢？』

答道：『像琴张、曾、牧皮这一类人，就是孔子所称的狂放之士。』

『为什么说他们是狂放之士呢？』

答道：『他们表现出志向大口气也大的样子，口里常是这样嚷着：「古代的人，古代的人。」但考察起他们的行为来，便不能和他们的语言密合无间。狂放之士又不易得到，（孔子）便想找到那些不屑干肮脏事的人而加以奖掖鼓励，这就是狷介之士，这又是（较狂放之士）次一等的人。孔子说：「经过我的门口，却不进我的屋，而我并不感到遗憾的，那恐怕只有那些（虚伪透顶的）好好先生吧！那些好好先生，是损害道德的大害虫。」』

问道：『怎样的人才叫作好好先生呢？』

答道：『那些好好先生讥讽狂放之士和狷介之士说：「干吗要这样志向高口气大呢？说的不管做的，做的不符合说的，光是叫嚷古代的人呀，古代的人呀。（你们这些狷介的人，）为什么把自己弄得这样孤单冷落呢？生在这个世界上，替这个世界上的人做事，混得差不多就可以嘛。」没有灵魂，装出一副讨好相，好让世上的人都喜欢他，这种人就叫作好好先生。』